艾略特自然法则
市场行为的波动规律

NATURE'S LAW:
THE SECRET OF
THE UNIVERSE

[美] 拉尔夫·艾略特　著　　王荻　江海　译

四川人民出版社

目录

序　言
自然的韵律

　　宇宙万物的运行都是按照一定法则进行的，再没有什么比这个更能被大家普遍接受的真理了。不言而喻，如果没有法则，一切都将陷入混沌而变得毫无意义。航海、化学、航空、建筑、无线电传输、外科、音乐——事实上，在人文艺术和自然科学的领域里——和所有拥有生命或无生命的事物打交道时都必须依照相应的法则进行，因为自然界中的万事万物都是按照各自的法则在运行着。法则的重要特征是恒定不变的规则，因此所有发生的事情都将会重演，而如果我们掌握这些规律，就可以预测事情的发生。

哥伦布坚持认为，世界是圆的，并且预言他的船队如果从欧洲一直向西航行最终必定会抵达大陆，这种说法虽然受到很多人的嘲笑，甚至他自己的船员也不相信，但是最终大家都看到了他这一预言的实现。哈雷计算出了 1682 年彗星的运行轨道并预告了它的返回时间，他的这项预测在 1759 年得到了惊人的证实。马可尼通过他在电子传送的研究后预言，声音可以通过无线传输，而今天我们就可以坐在家里，收听到从大洋彼岸传来的音乐和其他节目。他们这些人以及在其他领域的无数多人，都了解法则。当法则被公开之后，预测就变成了一件很容易的事，因为它成了数学。

　　尽管我们也许不能理解某个特定现象背后的原因，但通过观察，我们却可以预测这个现象的再现。上千年之前人们就能估计出太阳将在一个固定时间反复升起，但是它的产生原因却是后来才被人们知道的。印第安人根据每一轮新月确定他们的月份日期，但即使是今天，他们仍然无法解释为什么定期的间隔是这个神圣信号①的特征。在世界各地我们都能见到在春天里播种，因为随后夏天会依序而来；然而，又有

――――――――――

① 指新月来临。

多少耕种者能明白为什么会有恒定的四季呢？在这里的每个例子中，人们都掌握了某类特定现象的节奏规律。

人类和太阳或月亮一样都是自然中的一类物体，人的行为在有节奏性的发生过程中也可以被我们所分析。人类的活动虽然有着令人惊叹的特性，但是如果从节奏性的角度去分析，却可以让我们为一些最令人费解的问题找到准确和自然的答案。此外，由于人受到了节奏性程序的制约，那么我们就可以通过计算预测出他在将来的行为活动，但是比较合理和确定的计算结果迄今还无法获得。

和人类活动有关的广泛研究表明，在社会经济进程中的几乎所有发展都遵循着某种法则，这项法则使它们在相似的连续波浪中不断重复，或是被一定数量和有固定模式的力量所驱使着不停再现。同样地，这些波浪或驱动力量的强度可以显示它们相互之间的持续关系以及各自所需要消耗的时间。为了更好地说明和阐述这一现象，我们有必要从人类活动领域中找出一些可以提供大量可靠数据的例子来，从这个目的来说，没有什么比股票交易更好的了。

我们对股票市场特别关注是基于两个原因。首先，人们在其他领域都没有像在股票市场一样，尝试进行了诸多预测却只得到如此少的结果。经济学家、统计学家、技术员、商界领袖和银行家们都试图预测纽约证交所中证券的未来价格。事实上，我们甚至已发展出一个以市场预测为目标的明确职业。然而1929年来了又去了，从有史以来最大的牛市转向了创纪录的熊市，这让几乎所有的投资者都措手不及。处于领导地位的投资机构，虽然每年花费成千上万美元做市场调查，却也令人惊讶地遭受了数以百万计的损失，因为它们所持有的股票价格遭遇了很长时期的大幅缩水。

选择股票市场来解释社会经济活动中都普遍存在波浪式驱动的第二个原因在于，如果成功预测股市将获得巨大的回报。即使是对一些单一市场预测中偶然取得的成功，也产生了几乎与神话差不多的财富。例如，在1932年7月至1937年3月的市场上升行情中，30只领先和有代表性的股票平均上涨了373%。然而，在这5年的运动过程中，有个别股票的上涨幅度还要大得多。最后，上面提到的这轮普遍的上涨不是直线上升的，而是有一系列向上和向下的步骤过程，甚至存在几个月的锯齿形运动才能完成，但是这些过程中的次级波动却能提供更大的盈利机会。

尽管试图理解市场波动的人们对股票市场投入了很大关

注，能够成功地进行精确预测以及获得随之而来的好处对于他们来讲却必定是偶然的，因为他们未能认识到市场在某些程度上是一种心理现象。他们没有认识到市场波动背后存在的规律，或者说，股票的价格变动受节奏的影响，是有序的运动。因此对于他们来说，即使在某些广为人们所知的学科领域中有一定经验，市场预测也只是一种偶然事件，缺乏任何确定性或价值。

但市场确有其规律，就像宇宙中的其他事物一样。如果没有法则，就不可能有价格可以围绕的中心，因此也就没有了市场。相反的，市场每天都会出现一系列混乱的和令人摸不着头脑的价格波动，而这些波动没有任何明显的理由或规律。然而，正如随后披露的那样，对股市深入细致的研究证明情况并非如此。市场的节奏是有规律的、可以被测量的和谐运动，是可以被识别的。只有从适当的角度来研究市场，才能发现市场背后的规律，然后再从这一角度进行分析预测。简单地说，股票市场是人的创造，因此反映了人类的特质。在接下来的几章中，股市中所反映的人类活动规律或节奏将被市场波动的记录所揭示出来，而这些波动和明确的波浪理论是一致的。

自然法则在人类每一项活动中总是起作用的。无论记录的工具是否存在，不同程度的波浪都会发生。当下面描述的工具出现时，波浪的模式就会变得完美，并被有经验的人们所发现。这些工具是：

A. 所有权分布广泛的公司所进行的广泛商业活动。

B. 有一个基本的市场，买方和卖方可以通过代理迅速地进行接洽。

C. 对交易的可靠记录并公开。

D. 充足可供的与公司所有事项相关的统计数据。

E. 标出高低范围的日线图来揭示所有出现的一切大小程度的波浪。

股票交易的每日波动情况是从 1928 年开始记录的，从 1932 年开始进行每小时的记录。这些记录对于在市场中对次浪和小浪的观测，特别是在快速变动的市场中的观测，都是很有必要的。

与衡量股票市场走势的流行策略"道氏理论"相反，"自然法则"不需要两个平均指数的确认。每一个平均指数、板块、个股或任何人类活动，都可以用其自身的波浪进行解释。

第一章

吉萨大金字塔

许多年前，我曾试图弄清"周期"（cycle）一词的含义，但我发现没有人能给出确切的定义。好奇心驱使我对一些图表进行了研究，从而发现了存在于波动中的节奏（正如我在1938年发表的论文中所揭示的那样）。后来，我意识到我这项发现的基础也是设计者在大约5000年前建造吉萨大金字塔（the Great Pyramid Gizeh）时所知道的自然法则。

在埃及和其他地方都有一些金字塔，但吉萨是最原始的，也是唯一具有象征意义的金字塔。后来建造的其他金字塔都是作为埋葬国王及其家人遗体的墓穴。早在公元前820年，土耳其哈里发①马蒙（Al Mamoun）错误地认为，吉萨金字塔存放着前法老的尸体，并且可能会发现大量的黄金。这说明了在历史早期，吉萨所象征的含义是未知的。吉萨的修建时期不仅早于人类文字时期，而且更早于象形文字时期，因为象形文字存在于其他金字塔中，但却不在吉萨金字塔内。

我们曾经，尤其在过去的 50 年里花费了大量的资金来研究吉萨所代表的含义，从我们现今所获取的知识中知道对这些含义的解释是非常正确的。然而这些知识中有很多是相对较新的，这说明吉萨所代表的科学含义一定是超自然的，或者说存在于相当于或超过了如今人类发展的史前文明中。高度的文明很可能以前就曾存在于西半球，特别是从墨西哥到阿根廷的区域。"圣经"中提到了巨人，而最近发现的巨人下颚可能就达到了 400 磅或 500 磅。

据我所知，埃及考古学家忽略了大金字塔中包含的某些重要细节，例如金字塔的海拔高度与金字塔底部的比率为 61.8％，海拔为 5813 英寸（请注意数字 5、8 和 13，在下面的求和级数中会提到）。在埃及，测量单位过去和现在都是我们

---

① 伊斯兰教领袖称谓。

所知道的"英寸"。金字塔侧视图的轮廓是一个循环，即 3 条线；金字塔有 5 面，4 面在地面上，1 面在底部；从顶点可见 8 条线；整个表面和线之和为 13。

13 世纪的意大利数学家斐波拉契（Fibonacci）曾访问过埃及，并在他回国时揭示了一个求和序列：

1 2 3 5 8 13 21 34 55 89 144……

其中任何两个相邻的数字之和为下一个更大的数，例如，5＋8＝13。任何数字与下一个更大数字的比率为 61.8％（数字越小计算出的比率会有微小的差异）。因此，金字塔的垂直高度与底部的比率提供了整个数列的规律。

太阳花的种子排列在相互交叉的弯曲的行列中，交叉处的最高数目是 144。这个数字也是股票市场的一个完整周期（牛市和熊市）中的小浪（Minor Wave）数。这个数列的数字存在于人体、植物学、生产、动物、音乐和包括股票市场在内的人类活动中。

公元前 5 世纪的希腊哲学家毕达哥拉斯（Pythagoras）访问了埃及，并在返回时揭示第二章所示的图表和标题。

自 然 法 则

　　自然法则早在 5000 年前就已经被人们所熟知。埃及至少在公元前 1500 年就开始进入繁荣时期，是当今世界上最古老的国家之一。虽然现在人们还不确定埃及金字塔是什么时候建成的，但是吉萨大金字塔至少建于距今 5000 年前，一些学者提供了证据表明它存在于促使诺亚建造方舟的大洪水威胁之前，而其他学者则认为它可能有 3 万年历史了。

　　《生活》杂志（*Life*，1945 年 12 月 3 日）刊登了一篇非常有趣的文章，题为"大金字塔的建造"。贝尔·盖德斯（Bel Geddes）先生展示了他所准备的大金字塔在不同建造阶段的模型和照片，该报告是为《大英百科全书》所编写的。

报告说，建造金字塔所用材料的总重量为 327.7 万吨，而目前世界上最高的建筑——帝国大厦使用的材料总重量只有 30.5 万吨。

金字塔的设计者和建设者为竖立起永久的符号而花费了非凡的聪明才智、技巧、时间和劳动，表明了他们所想要传达给后人的信息具有至高无上的重要性。那个时代没有文字甚至是象形文字，因此符号是唯一的记录手段。

几个世纪以来，特别是在最近几年，人们对金字塔进行了十分详尽的研究。据我观察，埃及学家忽略了一个重要的，也许是最重要的符号信息。我指的是吉萨金字塔的外线轮廓。

毕达哥拉斯是公元前 5 世纪著名的希腊哲学家，早期的百科全书对他的活动进行了非常详细的描述。《大英百科全书》展示了一个图表和神秘的标题，这可能是他留下的唯一记录，这是他在对埃及进行了长期访问后返回希腊所绘制的。图表和标题如图 1 所示。

我们可以合理地假设，毕达哥拉斯图指的就是金字塔。

宇宙的奥秘

图 1

据估计，吉萨大金字塔的原始测量值为：基座 783.3 英尺，海拔 484.4 英尺，比例为 61.8％。海拔 484.4 英尺，等于5813 英寸（5－8－13，即斐波拉契数列）。

从四个侧面中的任何一面看金字塔，都可以看到 3 条线，如图 2，是一个完整的循环。从金字塔底部四个角中的任意一个查看，如图 3，均可以看到 5 条线。

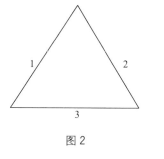

图 2

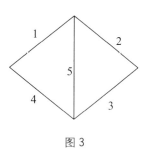

图 3

金字塔有 5 个表面，4 面在地面以上和 1 个底部。从顶点看金字塔，就会显示出 8 条线，正如图 4 所示。

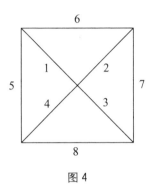

图 4

斐波拉契是公元 13 世纪的意大利数学家，在当时，他比莱昂纳多·德·比萨（Leonardo De Pisa）更加有名。他访问过埃及和希腊，并在返回意大利时揭示了什么是求和数列，即下列数字：

1 2 3 5 8 13 21 34 55 89 144……

这个数列中，任何两个相邻的数字之和等于下一个较大的数，例如，5＋8＝13。任何数除以相邻较大的数，其比率为 0.618，例如，8÷13＝0.618。任何一个数除以相邻较小的数为 1.618。在数列中的较小数字之间，这些比率不太精确，但从实用的目的出发已经足够。为了简化阅读，我将把前者记为 0.62，后者记为 1.62。

已故的美国艺术家杰伊·汉比奇（Jay Hambidge）访问了埃及、希腊和意大利，并写了几本非常重要和有趣的书。经耶鲁大学出版社允许，我引用了他其中一本著作《动态对称的实际应用》的第 27 页和第 28 页：

植物学家使用向日葵的花盘来作为展示叶序排列的通用实例，它展现了近似二维的一种形态。种子分布在向日葵花盘呈菱形的孔中，而这些插孔的复杂形状形成了一种相交曲线的设计，其图案类似于老式表盒上的镂空。这种曲线形状是向日葵种子排列的有趣特征。

第一，曲线有一定确定属性。事实上，它就像贝壳生长的曲线，是有规律的并且具有一定的数学性质。正如后面即将解释的那样，这些属性是统一生长的必然结果。

第二，当计算这些曲线时，你会发现直径为 5 或 6 英寸的普通向日葵盘中的曲线数为 89。从一个方向数有 55 条线，从另一个方向数有 34 条。也就是说，花盘头部有 55 条曲线穿过了 34 条曲线，这两个数字记为 34 ＋ 55。在茎的顶端花下面通常有体积较小的第二朵花，这种花的盘上曲线的交叉数一般为 21＋34。茎的下部是发育后期的三级花，它们的交叉曲线为 13＋21。

在英国牛津，人们培养的向日葵会结出超大花盘，而交叉曲线的数量也从 34＋55 条增加到 55＋89。在这个有趣的话题中，阿瑟·H．丘吉尔（Arthur H. Church）教授是其中的权威人士，他告诉我们在牛津培育出了一个巨大的向日葵花盘，曲线交叉数是 89＋144。此外，在花盘的种子复合体周围有一些小花，就像种子一样，这些都排列成交叉曲线，数字通常是 5＋8。

如果我们从植物茎的底部开始，数一数到花盘的实际叶数，我们会发现，这个数目和我们绕着茎旋转时计算的叶片数之间有一个恒定关系，这种关系同向日葵种子和周围小花所显示的属于同一数列。

我们前面所提到这些数字都属于求和数列，之所以如此命名，是因为每个数都是级数的前几个数之和，这里提到的数列中是前两个数之和。这一系列数字是：1、2、3、5、8、13、21、34、55、89、144 等，该数列的每个数都是通过将前面的两个数字相加而得到的。

如果我们取这个数列中的任何两个，并将其中一个除以另一个，例如 34 除以 55，我们得到一个比率，这个比率在整个数列中是不变的，也就是说，任何较小的数字除以和它相邻的更大的数字，得到的比率是相同的。这个比率是 1.618 多一点，这是一个无穷小数。如果我们反向计算，将 55 除以 34，我们会获得另一个比率，0.618 多一点。值得注意的是，这两个结果的差值是 1 或是一个单位。

我们还注意到，当我们进行这两类计算时，会出现一些微小的误差。这是因为，用整数表示数列序列并不十分准确，应该有小数部分。但是，由于误差在植物生长的观测允许范围内，为了便于检验，只保留了整数部分。

异常巧合的是，这个比率是 1.618 或 0.618，这一比率是令古希腊人非常着迷的数字。异常的原因是，古希腊人不可能将这个数字与植物的结构相联系起来，他们认为这个比率是极致的和难以达到的：在中世纪，该比率被称作"神圣分割"；在近代，它被命名为"黄金分割"。

根据我的经验，144 是市场中出现的最大数字，例如，在整个股票周期中，小浪数为 144，如下表和第四章图 7 中所示：

波浪数	牛市	熊市	总计（整个周期）
主浪（Major）	5	3	8
中浪（Intermediate）	21	13	34
小浪（Minor）	89	55	144

上表中的数字都是斐波拉契求和数列中的数字，整个数列（到 144 为止）都出现了。股市中波浪的长度可能不同，但数目则不会变化。请注意下列斐波拉契数列的数字：

● 人类的躯体遵循数字 3 和 5。躯干上有 5 个突出物——头、两条胳膊和两条腿。每条腿和手臂被细分为 3 节。腿部和手臂在 5 个脚趾或手指处终止。脚趾和手指（大脚趾除外）被细分为 3 个部分。我们有 5 种感觉。

● 猴子和人类一样，除了它的脚和手一样，它的大脚趾和它的拇指也一样。大多数动物有 5 个部分——从躯干到头部以及四肢。鸟类有 5 个突出部分——躯干到头部、两只脚和两个翅膀。

● 音乐：最好的例子是钢琴键盘。"八度"意思是 8。每个八度音阶由 8 个白色键和 5 个黑色键组成，共计 13 个。

● 化学元素：大约有 89 种主要元素。

● 颜色：有 3 种原色，然后再混合产生全部其他颜色。

其他各种各样的发现：

● 西半球由北、中、南美洲 3 大部分组成。

● 在西半球有 21 个共和国，所有这些共和国都是泛美联盟的成员。北美由加拿大、墨西哥和美国 3 个国家组成。南美洲为 10 个共和国和 3 个欧洲殖民地组成，总数为 13。中美洲，以前范围到巴拿马运河，由 5 个共和国组成。

● 美国最初由 13 个州组成。今天有如下 55 个分支：48 个州，哥伦比亚特区，菲律宾①，巴拿马运河区，波多黎各，阿拉斯加，夏威夷群岛和维尔京群岛。

●《独立宣言》上有 56 个签名。最初的数字是 55，最后一个是后来添加的。

●（美国）联邦政府主要部门：3 个

●（美国）陆军最高敬礼：21 响

●（美国）选举投票年龄：21 岁

●（美国）人权法案包括：13 项

●（美国）国旗包含的颜色：3 种

● 华盛顿纪念碑（奠基于 1848 年 7 月 4 日）：

---

① 1946 年菲律宾宣布独立，作者成书时菲律宾仍是美国殖民地。

总成本 130 万美元	13
碑身高度 500 英尺	5
顶部拱石高度 55 英尺	55
石碑基座 55 平方英尺	55
石碑顶部的边缘 34 英尺	34
基座台阶（数目）：8	8
窗口（两边各两个）：8	8

顶石呈金字塔状，底部 34 平方英尺，高度 55 英尺（比率 0.618）。

● 轴心国由 3 个伙伴国组成。德国迅速地连续控制了 13 个国家，但在进攻第 14 个国家——苏联时陷入了停滞。墨索里尼的独裁政权共 21 年。

● 1852 年，佩里准将对日本进行了友好访问，并劝说日本天皇放弃绝对的闭关锁国政策。55 年后的 1907 年，日本严重威胁了美国。34 年后的 1941 年，即 1852 年以来的第 89 年，日本袭击了珍珠港。

第三章

人 类 活 动

"人类活动"一词包括股票价格，债券价格，专利，黄金价格，人口，城市和农村之间双向的人口流动，商品价格，政府支出，生产，人寿保险，电力生产，汽油消耗，火灾损失，证券交易所席位的价格，流行病，房地产，等等。

这里证券价格是我们需要了解的主要活动，从某种意义上来讲，每个人都应该了解它。

我们有必要为"雨天"①做好准备，因此持续改善诸如建筑工程、维护工程、道路、桥梁、工厂、房屋等活动需

---

① 指不好的事情。

要看准周期，以达到降低业主成本和雇佣成本的双重效果，要知道经济福利的波动就像地球的公转一样会永远持续下去。

第四章

人类活动的鲜明特征

人类所有的活动都有三个鲜明的特征——模式、时间和比率——所有这些特征都可以观测到斐波拉契求和数列的身影。如果波浪的运行规律能够被人们所解读，那我们就可以将相同的规律应用到很多具有波浪运动的事件中去，了解诸如股票、债券、谷物、棉花、咖啡豆和前面提到的其他活动相关的价格。

上面所提的三个因素中最重要的是模式。模式总是存在于形成过程中。虽然并非绝对，但通常研究者们能够基于前面已出现的模式信息而预先刻画出该模式的类型。详见第八章《交替》。

图 5、6 和 7 显示了股票市场一整个周期的完美图形，主要分为"牛市"（bull market）和"熊市"（bear market）。图 5 将牛市细分为 5 个主浪（major wave），将熊市分为 3 个主浪。图 6 将牛市中的第一波、第三波和第五波主浪各分为 5 个中浪（intermediate wave）。图 7 将第 1、3 和 5 号中浪又分别细分为 5 个小浪（minor wave）。

在图 5 中，熊市被细分为由字母Ⓐ、Ⓑ和Ⓒ表示的 3 个主浪。图 6 中，向下的主浪Ⓐ和Ⓒ被细分为 5 个中浪，向上的Ⓑ浪被分成 3 个中浪。在图 7 中，中浪被细分为 5 个小浪。

换句话说，熊市与牛市相反。只不过熊市有 3 次向下的大浪，而牛市中有 5 次上升的主浪。

在牛市和熊市的变化过程中，浪的调整是很难把握的。

由于本书披露出的发现是本书作者原创的，所以必须同时创造新的表达方式。为了解释这些模式及其相应的表达方式，我们在不同程度上展示了相应的标准图示。可以说，"浪级"这个词的意思是相对重要的。例如，"主浪"指的是图 5 中的那些波浪图形。"中浪"指图 6 中的波浪。"小浪"指的是如图 7 所示的波浪。波的具体数目可见第二章的表格（第 20 页）。

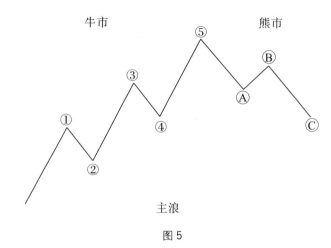

主浪

图 5

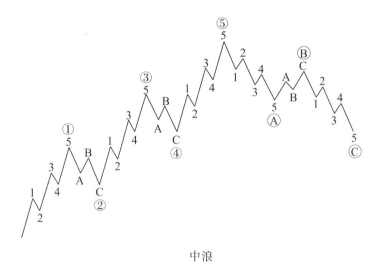

中浪

图 6

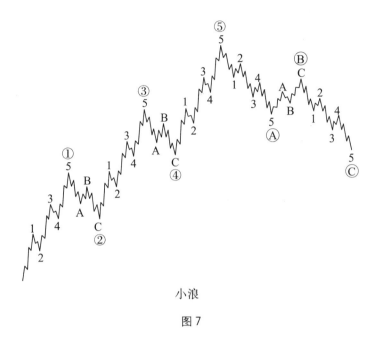

小浪

图7

第五章

调 整

无论波浪调整的方向或大小，其模式都是相同的。牛市中，波浪的调整方向是向下或横向的。在熊市中，波浪则是向上的或横向调整的。因此，无论是牛市还是熊市，波浪的变化都可以用图表示出来。下面首先展示的图表显示了市场向上的波动。后续的图表则展示了一种"反转"，即向下波动。因此，每当"反转"出现时，它将显示向下的主流趋势。

在图5、图6和图7中，我们注意到有3种程度的波浪：大浪、中浪和小浪。同样，自然的，相应也有3种程度的波浪调整。

波浪调整有3种类型：锯齿形、平台形和三角形。

▷ · 锯 齿 形

图 8、9、10 是向上趋势中的调整。

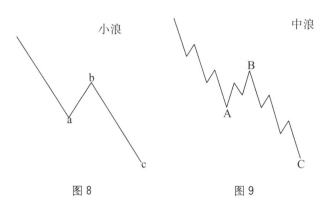

图 8　　　　　　　　图 9

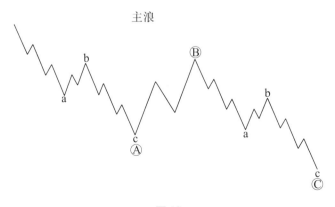

图 10

图 11、12 和 13 是反转，向下趋势中的调整。

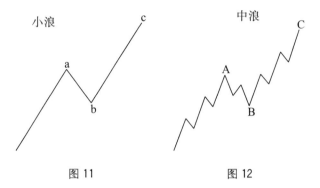

小浪

中浪

图 11

图 12

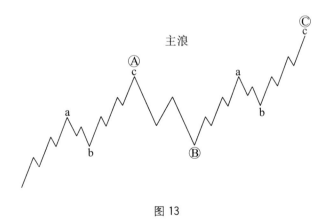

主浪

图 13

▷ · 平台形

下面展示的是平台形的大浪、中浪及小浪。图 14、15、16 是通常形态，图 17、18、19 则是反转形态。这些图形取名为"平台形"的原因在于波浪通常是在一个平台内波动，但有时候（整体）会向下或向上倾斜。

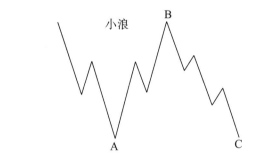

图 14

图 15

图 16

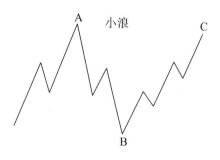

图 17

图 18

图 19

事实上，这些图形可以叫作"3－3－5"型。在上面的分析中，它有3个主浪，即Ⓐ浪、Ⓑ浪和Ⓒ浪。在牛市中，形状是"5－3－5－3－5"，分别对应波浪1、2、3、4、5。

对人类来说也有"5－3－5－3"模式。人类从躯干处有5个突出部分（头、两只手臂和两条腿）；手臂和腿被细分为3节；手臂和腿的末端被细分为5个手指或5个脚趾；每个手指或脚趾再次被细分为3个部分。

无论反转后的平台形中的C浪是否被拉长，它都是调整浪。可仔细阅读第八章《交替》，详细了解拉长的C浪是否会出现。

▷‣ 复杂的调整浪

一个小浪的调整会包含 3 个向下的微浪，如图 20 和图 21。

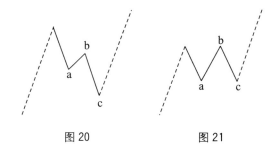

图 20   图 21

双重横向调整通常包含 7 个波浪，如图 22。三重横向调整通常包含 11 个波浪，如图 23。

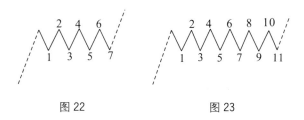

图 22   图 23

换句话说，上升趋势的横向调整通常是以一个下降浪结束的，无论这个调整浪的级数是 1、3、7 或是 11 级。这些调整浪可以命名如下：三级浪叫作"单3浪"，7级浪叫作"双3浪"，11级浪叫作"三重3浪"。

　　向上调整的波浪也有相同的波浪级数，如图24、图25和图26。

图24　　　　　　　图25　　　　　　　图26

　　有时候，这3种调整浪会以混合形式出现，即上升加横向调整或者是下降加横向调整，如图27和图28（双3浪混合）以及图29[①]和图30（向上的双3浪）。

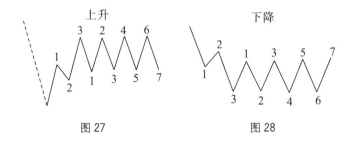

图27　　　　　　　　　图28

---

① 图29中x表示两组浪过渡阶段的一系列浪，数量不计。

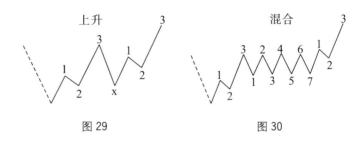

图 29 上升

图 30 混合

▷▸ 三角形

三角形波浪包含 5 个浪级，或者说有 5 条腿。在大型的调整中，每一条腿包含 3 个浪级，如图 31 和图 32 中所显示。

在中型调整中，第 4 或第 5 条腿就只包含 1 个浪级，如图 33 所示。在很小的调整中，每条腿就只包含 1 个浪级了。判断三角形的形成最好是画出它的轮廓，也就是沿着波浪的

上升趋势的调整

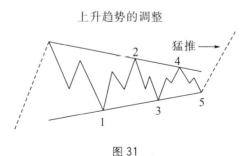

图 31

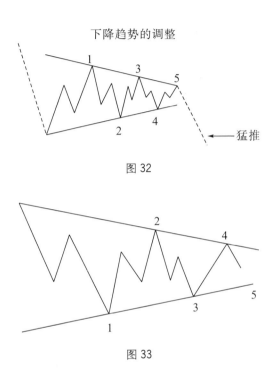

下降趋势的调整

图 32

←── 猛推

图 33

顶部和底部画出两条直线。研究者要等到第 5 级浪（第 5 条腿）出现才能确定这是一个三角形调整①。

图 34 展示了 3 种类型的三角形调整浪。

第 5 条腿可能会结束在三角形轮廓的里面或是外面，如图 35 和图 36。

① 如图 33 中第 4 浪与第 5 浪之间所示。

上升底和平顶：

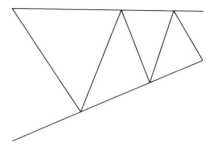

下降顶和平底：

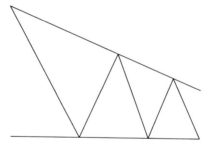

下降顶和上升底：

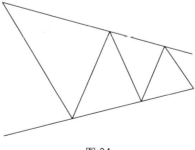

图 34

第 5 浪（第 5 条腿）应该由 3 个次级浪组成，除非三角形很小。有一次，三角形的调整仅用了 7 个小时。最大的一次三角形调整运动发生在 1928 年 11 月和 1942 年 4 月之间，共 13 年，在其他章节中会详细讨论到这次调整过程。

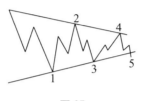

图 35

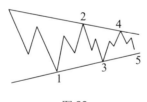

图 36

三角形调整中的第 5 条腿（第 5 浪）之后的运动是一个"猛推（thrust）"。它将由 5 个波浪组成，和三角中的第 2 条腿和第 4 条腿的方向相同。

三角形的调整并不常见，当它出现的时候，不论是向上还是向下的调整过程中，它总是在第 4 浪的位置上，如图 37 和图 38 所示。

在三角形调整后的第 5 浪是一个"猛推"，和前面的 1 浪和 3 浪相似，它也包含了 5 个次级浪。如上图所示，第 5 浪会冲破第 3 浪的顶部（如图 37）或者穿透第 3 浪的底部（如图 38）。

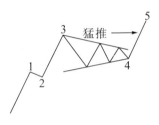

图 37

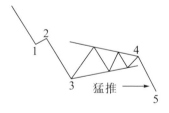

图 38

第六章

延 长

在第 1 浪、第 3 浪和第 5 浪中的任何一个中都可能出现延长，但不会出现在多个波浪中。如图 39、40、41（向上调整），图 42、43、44（反转图形）。

图 39　　　　　　　　图 40

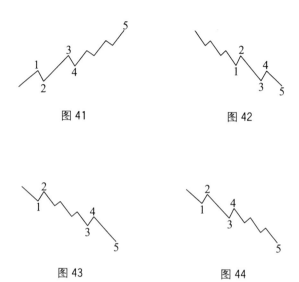

图 41   图 42

图 43   图 44

    需要注意的是，如果把延长的波浪算作 5 个波浪的话，这里每个例子中都各自有 9 个波浪。也有非常少见的情况是，这里的 9 个波浪都是相同大小规模的，如图 45 和图 46 所示。

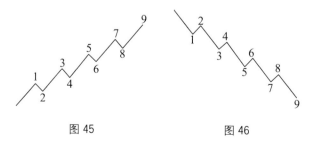

图 45   图 46

波浪延长只会出现在当前周期的一个新区间中，而不会成为波浪的调整运动。

▷· 延长的延长

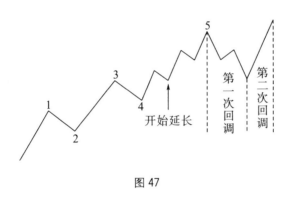

图 47

▷· 在第 5 浪的延长以及双重回调

波浪延长会出现双重回调，也就是说波浪在调整的过程中会两次出现在同一个地方，一次向下和一次向上。如果这个特征出现在了第 1 浪或者第 3 浪，都不需要特别关注，但是当这个特征出现在了第 5 浪时，就值得关注了。如果延长出现在第 1 浪时，双重回调会自然受到第 2 浪和第 3 浪的调整影响。而如果出现在第 3 浪时，双重回调又会受到第 4 浪和第 5 浪的影响。图 48 展示了在第 5 浪的延长以及后面出现的双重回调。

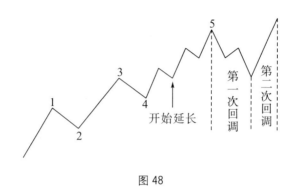

图 48

如果波浪延长是出现在小浪中，回调会马上出现。但是，如果延长出现在中浪或者大浪中，那么双重回调不会立刻出现，而要等到整个上涨过程完成之后才出现。当波浪以很快的速度运动时，回调也会以几乎相同的速度出现。

▷‧ 错误的计算

第 1 浪、第 3 浪和第 5 浪很少是相同长度的，其中有一条波浪会比其他两条更长。值得我们注意的是，第 3 浪从来不会比第 1 浪和第 5 浪短。图 49 显示的是错误的计算，图中第 3 浪就比第 1 浪和第 5 浪短。正确的数浪方式应该是如图 50 所示。

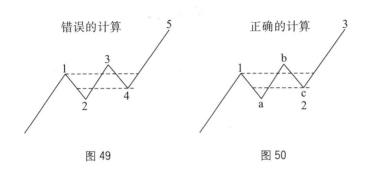

图 49   图 50

这里需注意，第 4 浪不会和第 1 浪重叠。重叠的意思是第 4 浪的尾部低于第 1 浪的顶部。如果是相反的情况时，也是同样的意思，可以参考图 51 和图 52。

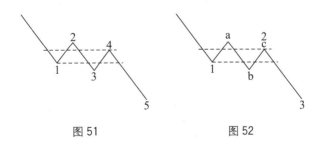

图 51   图 52

如果在复杂的波浪中出现重叠，我们就应谨慎研究对待了。有时候这样的复杂波浪会发展成双 3 浪或者三重 3 浪，详情见第五章。

▷‣ 调整的放大

　　要知道第一次的上涨运动包含了 3 个浪还是 5 个浪，在每日范围内绘制日线图是很重要的事情。因为一周范围内的图形（周线图）可能不会揭示这些情况。例如图 53 和图 54 分别显示了反转的平台形调整波浪的日线图和周线图。

　　注意，在周线图中第一波上升浪的精确组成是无法看清楚的，研究者们很可能错误地以为它是由每天 5 浪形成的。周线显示的反转的平台形调整是由 7 个波浪组成的，但其实它是由Ⓐ、Ⓑ、Ⓒ三浪组成且Ⓑ浪包含了 5 个次级浪的一个反转的平台形调整，如图 53 所示。

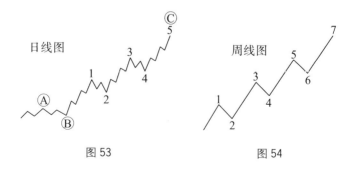

图 53　　　　　　　　　图 54

相同的情况也会出现在锯齿形调整中。一个锯齿形调整不会延长，但是会放大或者出现两次。详见图 55、图 56、57 所示。但是不论是单个锯齿形调整还是双数锯齿形调整，它的调整特性是不会改变的。

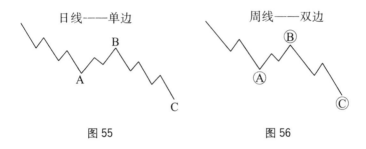

图 55　　　　　　　　　　图 56

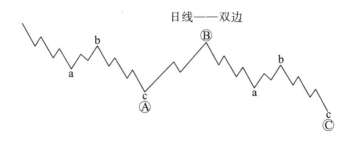

图 57

▷ ▸ 横 向 运 动

　　正如我们注意的那样，不管调整的波浪级别是怎么样的，所有的调整浪都有 3 次。横向运动的调整也是如此，具有相同特性。图 58 显示了在一次上升运动后的两类横向调整运动。图 59 显示了下降趋势的横向调整。

主要上升趋势

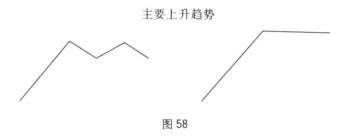

图 58

主要下降趋势

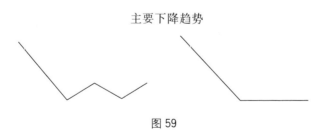

图 59

第七章

不规则顶部

在上升运动中一个波浪要是超过了第 5 浪的顶部（正规顶）便是"不规则"的顶部（见图 60）。假设图 61 中的 5 个波浪都是主浪，第 5 浪的顶部叫作"正规顶"（Orthodox Top，下文用缩写 OT 表示）。从正规顶点"5"下来的第 1 个波浪由 3 个次级波浪组成，用字母"Ⓐ"标记。接下来的第 2 个波浪将上调且超过正规顶 5，这一波运动用字母"Ⓑ"标记，而且和波浪"Ⓐ"类似，它也是由 3 个次级浪组成的。紧接着下一波运动也将由 5 浪构成，用字母"Ⓒ"标记。

尽管波浪Ⓑ的尾部可能高于波浪 5，但是波浪Ⓐ、Ⓑ

和Ⓒ一起形成了一次调整运动。这个情况曾发生在 1928 年 11 月至 1932 年 7 月之间。充分理解类似调整波浪的特性是十分重要的。

如果波浪Ⓐ是一个简单的锯齿形波浪，那么波浪Ⓑ将是一个反转的平台形波浪。在这种情况下，"交替法则"开始向我们发出警示。"交替"是下一章的主题，详见第八章。

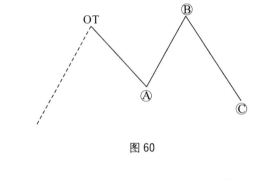

图 60

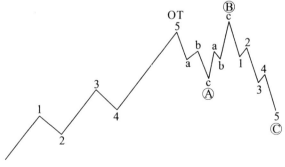

图 61

第八章

交　替

　　根据字典中的注释，"交替是两件事或一系列的事情轮流发生或进行行动"。交替是一种自然法则。例如，叶子或树枝通常首先出现在主茎的一侧，然后长在相反的另一侧，它们的位置相互交替。人体的组成遵循相同的规则：5－3－5－3（躯干上有5个突出部分，即头、两只胳膊和两条腿；腿和胳膊分成3节；腿和胳膊的末端有5个脚趾或手指；脚趾和手指都有3节）。在自然界中还可以举出数不胜数的其他例子，但本章讨论的对象是人类活动的交替习惯。

　　牛市和熊市交替，牛市由5波上升浪组成，而熊市由3波下降浪组成。在这里，5和3交替出现。这一条规则在所有级别的波浪运动中都适用。牛市中的波浪运动由 5 波浪组成。波浪 1、3 和 5 是向上的，波浪 2 和 4 则是向下或横向的。因此，奇数浪与偶数浪相互交替。波浪 2 和 4 是调整波浪，这两波在模式上也会交替。如果浪 2 是"简单的"波浪运动，浪 4 将是"复杂的"波浪运动，反之亦然。在较小级别的波浪运动中，一个"简单的"调整波浪会包含一个向下的次级波浪，见图 62。如果是"复杂的"波浪，则由 3 波向下或横向的次级浪组成，见图 63。

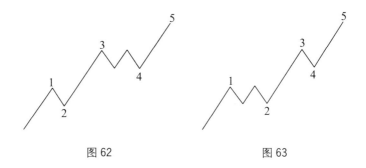

图 62　　　　　　　　　图 63

在更大级别的波浪运动中，如在完整的牛市和熊市中，调整波浪运动相应地会更大。市场为最后的下降调整所做的准备工作往往是枯燥乏味的。首先有某一重要的向下运动的波浪，这里我用大写字母 A 来标记。紧接着是一波向上的运动，标记为波浪 B。第三个也是最后一个波浪运动，是向下运动的波浪 C。波浪 A 可能是锯齿形的模式，在这种情况下，波浪 B 将是一个反转的平台。如果波浪 A 是平台形的，波浪 B 将是一个反转的锯齿形状（在任何情况下，波浪 C 将由 5 个向下的波浪组成。这部分下跌可能是十分剧烈的，表示市场正接近前一轮牛市的起点）。因此，波浪 A 和 B 会交替。

还有一个跨度达 13 年的三角形波浪运动的例子展示交替规则。在 1928 年 11 月到 1938 年 3 月 31 日之间，市场进行平台形调整。从 1938 年 3 月 31 日到 1939 年 10 月，市场的运动是反转的锯齿形调整。从 1939 年 10 月到 1942 年 5 月，市场又进入了平台形调整运动。

不规则顶也会出现交替。正如第七章我们所解释的那样，当波浪 B 超过了前一波牛市的第 5 浪顶点时，被称作不规则顶。1916 年的市场顶点是不规则顶，1919 年的高点是规则顶，1929 年又出现了不规则顶，而 1937 年则是规则顶。

到 1906 年，铁路指数引领大盘指数上涨。随后的 34 年（斐波拉契数列中的数字）间，从 1906 年到 1940 年，工业指数开始代替引领大盘指数上涨。从 1940 年开始，铁路指数又开始引领大盘上涨。这又是一个交替的例子。

第九章

刻　度

不是选择半对数刻度（semi-logarithmic scale）[①] 就是选择算术刻度（arithmetic scale）[②] 计算，这种一般性的做法是错误的，这样就剥夺了研究它们[③]的价值和效用性。我们应该始终使用算术刻度，除非要求使用对数刻度。[④]

[①]　半对数刻度指横纵坐标轴中，一个坐标轴采用对数刻度，另一个采用算术刻度。

[②]　算术刻度是指坐标轴上的刻度使用的是原始数字表示。

[③]　数据，本书指股指数据。

[④]　对数刻度指坐标轴上的刻度使用的是原始数字取对数后的数值。由于股指图形的横坐标始终采用原始时间为刻度（即算术刻度），那么当纵坐标采用对数为刻度时，此类股指图形严格上来讲是半对数刻度图形。原文中作者后续提到的对数刻度或半对数度图形，实际指的都是这种半对数刻度图形，因此后文为简法，统一使用对数刻度来表示。

在包含了 5 个上升浪的运动中,沿着第 2 浪和第 4 浪的底部可以画出一条基准线(base line),那么沿着第 3 浪的顶部就可以画一条平行线出来。如图 64 所示。

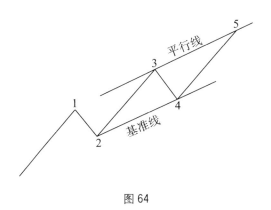

图 64

当我们使用了算术刻度时,通常第 5 浪大约会在平行线处结束。如果第 5 浪超过了相应的平行线时,第 5 浪的结构显示了它实际上还没有完成它的形成过程。那么从第 1 浪开始,我们就应该使用对数的刻度来重新画线。第 5 浪的尾部会接近但是不会超过平行线。图 65 和图 66 显示了采用同样的数据在算术刻度和对数刻度时分别所画的图形。

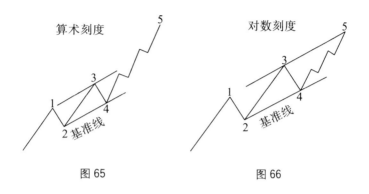

图 65　　　　　　　　　　　图 66

　　如果存在通货膨胀，那么就需要使用对数刻度。如果使用了对数刻度计算，那么通胀的影响就会被剔除。这时，第 5 浪就不会接近平行线而是距平行线有一大段距离，这里可以参考图 67。

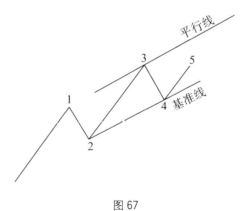

图 67

第十章

实 例

前面几章对自然法则（波浪理论）的演示有助于我们接下来对后面一些图表的理解。

图 68 是用半对数刻度画出来的 1857 年到 1932 年间的埃克斯－霍顿－伯吉斯指数（Axe-Houghton-Burgess Index）图形。这是目前有记录的最大级数的波浪图形了，从 1857 年到 1928 年 11 月之间，有 5 个大波浪。这个例子中基准线沿着第 2 浪和第 4 浪的底部出现，而平行线则沿着第 3 浪的顶部出现。第 5 浪结束时是 1928 年 11 月，这时它刚好接触到平行线。

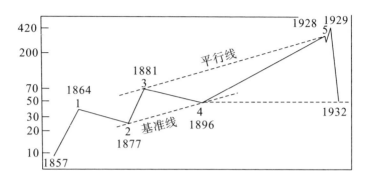

图 68

在这整个波浪运动中存在通货膨胀的影响，因此采用对数刻度是非常必要的。但是，如果要单独刻画几轮牛市的图形时，则必须采用算术刻度。

值得注意的是，市场下降到 1932 年时，指数刚好下降到 1896 年时的水平，即第 5 浪的初始点。在这个点位，1929 年到 1932 年间的大崩盘才停止了，也就是说，这是一个正常的调整（a normal correction）。缺乏对过去历史的充分理解导致了人们错误地使用"大萧条（the Great Depression）"这一词汇来形容这段时间的市场情况，所以我特别强调历史在帮助我们理解上面实例以及其他人类活动中的重要性。

图 69 采用了对数刻度，是图 68 中对第 5 浪的分解，刚好也分为 5 个次级浪。

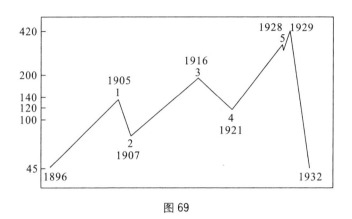

图 69

图 70 是 1921 年到 1928 年间的道琼斯工业指数图，采用的是对数刻度。注意这里沿着第 2 浪和第 4 浪画的基准线，以及沿第 3 浪画的平行线，第 5 浪的尾部刚好也到达了这根线。

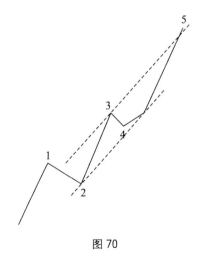

图 70

1857 年到 1928 年 11 月的波浪运动包含了 5 个波浪，如图 68。1896 年开始进入第 5 浪，且这个浪又被细分为 5 个次级浪，如图 69。其中第 5 个次级浪又可以分解为 5 个更次级浪，其中的第 5 浪从 1921 年开始，如图 70。换句话说，从 1857 年开始的运动可以被分解成三级。

在图 71 中，道琼斯工业平均指数是按算术刻度绘制的，而波浪 1 和 3 的振幅则是波浪 5 的 62％。从 1857 年到 1928 年，有 7 轮牛市和 6 轮熊市，共计 13（又是斐波拉契数列的数字）。所有牛市从 1857 年到 1928 年在剧烈程度上是正常的。请记住，从 1921 年到 1928 年，有 3 轮牛市和 2 轮熊市，而不是 1 轮牛市。2 轮熊市是低于正常水平的。

时间因素是很重要的因素，因为它通常用来确认运动是否符合某种模式。例如，从 1928 年到 1942 年共 13 年（斐波拉契数列的数字），从 1937 年到 1942 年是 5 年（斐波拉契数列的数字）。以上两个期间同时结束。整个运动从 1928 年到 1942 年是一个模式，呈三角形。三角形波浪的每一波都是其前一波的 62％。所有三个因素——模式、时间和比率都完美地符合斐波拉契求和数列。以上分析见图 71。

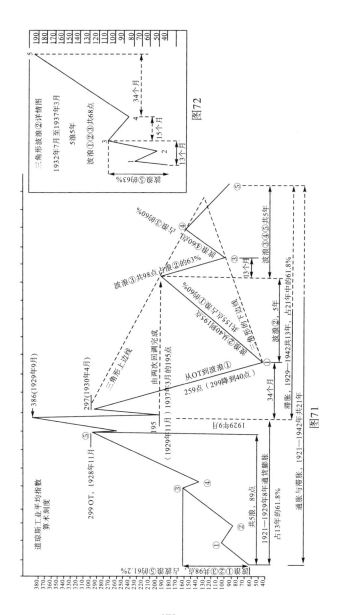

道琼斯工业平均指数
算术刻度

386(1929年9月)

299 OT, 1928年11月⑤

297(1930年4月)

三角形上边线

195
(1929年11月)1937年3月的195点

由两次回调完成

从OT到波浪①
259点（299降到40点）

波浪③共98点，占浪②的63%

波浪③共98点占浪②的63%

滞胀，1929—1942共13年，占21年中的61.8%

波浪②，5年

共155点，占浪①的60%

三角形②的下边线

1929年9月

89点

浪②(④)40到195点

波浪①⑤的60%

三角形⑤的60%

③

13个月

波浪③④⑤ 共5年

⑤

④

34个月

滞胀与通胀，1921—1942共21年

③

④

②

①

共5浪，89点

1921—1929年8年通货膨胀

占13年的61.8%

波浪①②③共98点，占浪⑤的61.2%

三角形波浪②详情图

1932年7月至1937年3月

5浪5年

波浪①②③共68点

波浪⑤的63%

1

2

3

4

5

13个月

15个月

34个月

图72

图71

在前几页中，我们解释了自然法则。总之，斐波拉契数列的数字适用于以下三种方式：波浪的数量、时间（天数、星期数、月份或年份）和比率——62％（斐波拉契数比率）。

第十一章

13 年期的大三角形

本章将继续详细分析图 71 和图 72。1928 年 11 月出现的正规顶部是 299 点，1932 年的底部为 40 点，净差值共 259 点。从 1932 年到 1937 年是从 40 点到 195 点，净差值 155 点。两个净差值比率：155 比 259 是 60%。

从 1928 年 11 月的这个规则顶部到 1932 年的 7 月之间，可以算作三角形波浪的第 1 浪。从 1932 年 7 月到 1937 年 3 月是第 2 浪。从 1937 年 3 月到 1938 年 3 月是第 3 浪。

由于模式、比率和时间以外的原因，股市指数在 1937 年 3 月上升至 195 点。从 1921 年到 1928 年的上升变化是从 1896 年开始的第五浪的一个延长。如第六章所讲，延长会带来双重回调，从而下降到 195 点，从 1929 年 9 月到 11 月是第一次回调的一部分。市场从 40 点到 195 点的上升在 1932 年到 1937 年之间完成了双重回调。请注意，在图 71 中市场指数于 1929 年 11 月和 1937 年 3 月精准地在 195 点碰头。

应该强调的是，从 1932 年到 1937 年之间股市有 155 点的变动幅度，这并不是一个典型的牛市特征。其变动强烈程度是由上述四个强大的技术力量所迫，总结如下：

● 必要的回调。从 1928 年的 299 点至 1932 年 7 月的 40 点，回调率达到 62％。

● 完成了对 1921 年到 1928 年之间延长波浪的双重回调。

● 时间因素：60 个月或 5 年。

● 模式。

事实上，波浪运动必须符合四个必要条件——波浪模式、振幅、双重回调和时间。这些都是完全基于斐波拉契求和数列的规律。

1921 年至 1928 年之间，第 1 浪到第 3 浪上升了 98 点，第 5 浪上升了 160 点，前后振幅比例为 62％。

注意图 71 和图 72 底部的水平线：

● 1921 年（通货膨胀时期开始）到 1942 年（通货紧缩时

期结束）：共 21 年。

- 1921 年到 1929 年：8 年，占 13 年的 62%。

- 1921 年 7 月到 1928 年 11 月：89 个月。

- 1929 年 9 月到 1932 年 7 月：34 个月。

- 1932 年 7 月到 1933 年 7 月：13 个月。

- 1933 年 7 月到 1934 年 7 月：13 个月。

- 1934 年 7 月到 1937 年 3 月：34 个月。

- 1932 年 7 月到 1937 年 3 月：5 年。

- 1937 年 3 月至 1938 年 3 月：13 个月。

- 1937 年 3 月到 1942 年 4 月：5 年。

- 1929 年到 1942 年：13 年（占 21 年的 62%）。

前文第五章中详细叙述了波浪的三角形调整模式。从 1928 年 11 月（正规顶部）到 1942 年 4 月之间形成了一个对称三角形。它不同于普通类型的三角形调整，因为它由两种模式组成——平台形和锯齿形。首先是一个平台形调整，然后一个锯齿形调整，紧接着又是一个平台形调整。这种模式的交替是很必要的，因为整个市场运动的规模很巨大。市场必须在 1937 年推进到 195 点，使得从 1921 年到 1928 年由于通货膨胀导致的延长必须完成双重回调。市场必须保证在

1942 年（1921 年后的 21 年）内，完成这个调整过程，还要保证运动中随处可见的 62％这一比率，而第 5 个波浪必须要回调到 1896 年到 1928 年这一区间波浪的起始点（可见图 68），这一切都显示着强大的规律。

从 1928 年到 1942 年长达 13 年期的大三角形由 3 个部分组成，如下所示：

● 1928 年 11 月到 1938 年 3 月：平台形（大三角形波浪中的第 1、2、3 浪）。

● 1938 年 3 月到 1939 年 10 月：反转锯齿形（第 4 浪）。

● 1939 年 10 月到 1942 年 4 月：平台形（第 5 浪）。

注意模式的交替：平台形、锯齿形、平台形。还可以举出许多有类似特征的例子。平台形和反转的锯齿形波浪在第五章中有详细叙述。图 73 中再现了这些模式和相应的三角形波浪形状。

图 74 是道琼斯工业平均指数从 1928 年 11 月到 1942 年 4 月的算术刻度图。每条竖线代表月线（最高点和最低点的范围）。

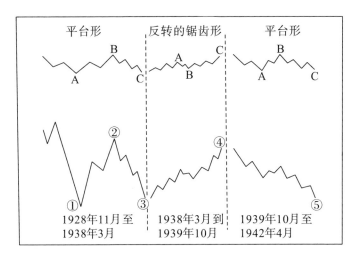

图 73

　　三角形中 1928 年到 1932 年之间是波浪 1，由波浪Ⓐ、Ⓑ和Ⓒ组成。其中，波浪Ⓐ又由 3 个次级波浪组成，即 1928 年 11 月到 12 月之间的下降波浪。它们的变化速度很快，因此仅可在日线下才能看得清楚（该图是月线图，因此不太容易看清）。波浪Ⓑ是一个反转平台的不规则顶部。波浪Ⓒ由从 1929 年 9 月到 1932 年 7 月的 5 个波浪组成（见图表上的数字），花了 34 个月。

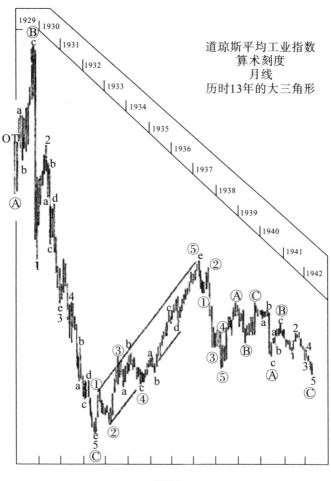

道琼斯平均工业指数
算术刻度
月线
历时13年的大三角形

图 74

三角形中的第 2 浪在 1932 年到 1937 之间，是典型的牛市模型，因为它由 5 个波浪组成。然而，由于它的规模异常大，它可能会被归类为一个非常大的级别的反转平台，因为它构成了平台调整的一部分。第 2 波浪花了 5 年。

三角形中的第 3 浪由从 1937 年到 1938 年的 5 个次级波浪组成，第 3 浪向下调整并且持续了 13 个月。这样，整个来看，从 1928 年 11 月到 1938 年 3 月，三角形中的前面第 1、2、3 浪构成了一个平台。

三角形中的第 4 浪从 1938 年发展到 1939 年，是一个反转的锯齿形。

三角形中的第 5 浪从 1939 年开始到 1942 年 4 月结束，是一个平台形波浪。它向下降，而且很长。这个极端的长度是有必要的，这是为了要满足在整体时间上与从 1928 年算起来的 13 年和从 1921 年 7 月算起来的 21 年相一致。

如第五章所述，三角形的第 5 浪可以也可以不局限在三角形的轮廓内。在这个例子中，它就超出了轮廓范围线。然而，它是一个完美的包含了 3 个次级波浪的平台形，也用 Ⓐ、Ⓑ和 Ⓒ 来标记。波浪 Ⓑ 的振幅是波浪 Ⓐ 和波浪 Ⓒ 的 62%，换句话说，波浪 Ⓐ 和 Ⓒ 的长度相同。

"膨胀"一词在字典中被定义为"超越自然极限的延伸"。一轮牛市不会超过"自然的极限"。一系列的牛市，一轮高过一轮，才会"超越自然的极限"。一轮牛市不会高过前一轮牛市，除非中间存在一轮非常态的熊市。

在 20 世纪 20 年代曾发生过膨胀，原因是存在非常态的熊市。在这段时间有 3 轮正常的牛市和 2 轮非常态的熊市，总计 5。如果膨胀出现，市场会按照以下顺序发出警告：

● 正常的波浪 1；

● 不正常的波浪 2；

● 正常的波浪 3；

● 不正常的波浪 4；

● 在算术刻度图中波浪 5 突破了平行线（参见第九章图 65）。

图 75 清楚显示了一轮正常的牛市，然后是一轮正常的熊市调整（波浪 a、b 和 c），其中调整波浪极大地突破了基准线。图 76 展示了一波非正常的熊市调整，其中波浪勉强穿过基准线。

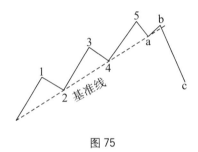

图 75

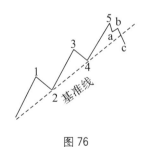

图 76

图 77 显示了道琼斯工业平均指数从 1921 年到 1928 年 11 月的算术刻度图。浪 5 突破了平行线。由于突破了平行线，因

此我们需要从 1921 年以后就采用对数刻度来画图。图 78 是用对数刻度画出来的和图 77 相同时段内的图形。图中第 5 浪和平行线相接触但是还没有突破它。

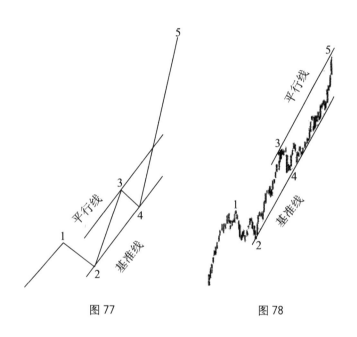

图 77　　　　　　　　图 78

　　有三种方法可以预先确定在什么点位以及在什么时候膨胀会终止：

● 本章所阐述的方法；

● 比率（图 71 和图 72 中所述）；

● 时间（图 71 和图 72 中所述）。

第十三章
黄金价格

另一个可以区分算术刻度和对数刻度方法优缺点的例子是黄金价格。图 79 展示了 1250 年到 1939 年之间的黄金价格走势图，这是一轮接近 7 个世纪的牛市。图中第 2 浪很简单，第 4 浪比较复杂，注意第 4 浪中字母 Ⓐ、Ⓑ 和 Ⓒ 表示的地方。

图 79 是算术刻度图形。图中价格线突破了平行线，因此这里需要用到对数刻度来重新作图，如图 80。在对数刻度图中，平行线表示的是所有人类活动膨胀能达到的最终顶部。如果在算术刻度图中，第 5 浪在上升调整期间始终没有突破平行线，那么膨胀就不存在。

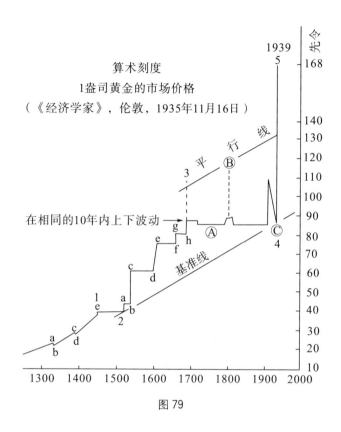

图 79

在图 79 中波浪 1 的逐渐上升表明，黄金在这一时期的市场价格是"自由波动的"，即不受任何权力的约束。此后，上涨突然中断了，并且出现了横向修正，这表明价格是受到了一些权力，很可能是政治力量的支配。调整开始横向移动和下降，或下降和横向调整，如图 79 波浪 4 中所示。

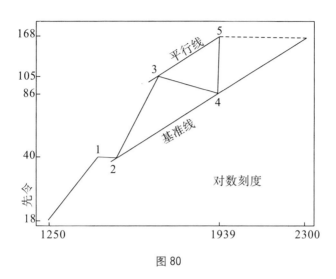

图 80

根据上面所描述的规律，当图 80 中用对数刻度所示的模式完成时，第 5 浪与平行线刚好相交。这时，价格不会继续上涨，除非价格突破基准线的点位后。因此，目前的黄金价格，每盎司 168 先令①会保持不变，一直到 2300 年当价格线再次与基准线相交时才会变动，如图 80 中，虚线和基准线将会在最右边相交。

---

① 英国 1971 年以前的货币单位，为 1 英镑的 1/20。

"人类活动"一词包括了所有的活动，不仅包括在股票市场的活动，也包括生产活动、人寿保险，还有从城市到农场之间的相互运动等，这些在第三章所列的项目中已有说明。

偶尔，有些相当特殊的项目，例如专利，会进行自我展示，这也属于人类的活动，但却是不带情感的活动。图 81 是从 1850 年至 1942 年的专利申请记录。注意这里的 5 个波浪。第 5 浪从 1900 年延伸到了 1929 年。在几乎同一时期内，道琼斯工业平均指数也遵循相同的模式（见图 82）。请注意，专利的调整在 1929 年至 1942 年中有 3 波：A 浪、B 浪和 C 浪。在同一时期内，股票市场的运动也遵循相同的模式，只不过从 1928 年到 1942 年的调整波浪是三角形而不是上面的 A、B、C 3 个波浪。

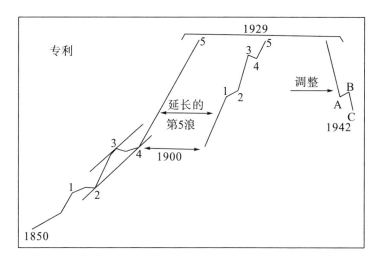

图 81

早年，农耕是人们主要的工作职业，但是也随处可见一个农夫拥有商店或手工作坊作为副业。制造业是以单件工作为基础完成的，并在家里进行。美国的自然资源、气候、天赋和民主制度都要求通过公司的建立，从而为个人的创造发明提供资助。发明和机械的引进逐渐改变了一切。收购路易斯安那州，征服加利福尼亚州，并购得克萨斯州和俄勒冈州，还有解决与墨西哥和加拿大的边界问题，都为美国增加了具有宝贵价值的领土。

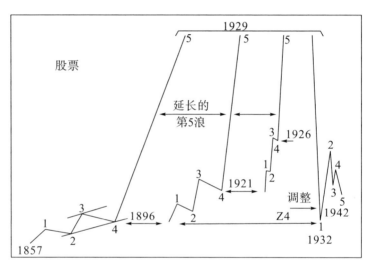

图 82

天赋曾经是（而且现在仍然是）一种主要的资产。1850年至1942年的专利申请图显示了这一点。请注意，专利申请图的变化模式与股票市场的情况相符。美国从根本上不同于其他国家，其根源存在于一个很重要的方面：我们的祖先来自世界各地，他们由于对自己家乡的暴政和政治不满意才来到这里享受自由，发挥他们的天赋。

第十五章

技 术 特 征

一种活动的运行模式很难成为另一种活动的可靠指导。
图 83 显示了三类指数的变化走势，即伦敦工业指数、道琼斯
工业指数和美国的社会总产量指数。该图表是用 1928 年到
1943 年 1 月的数据绘制的。生产数据来自克利夫兰信托公司
（Cleveland Trust Company）。

道琼斯工业指数（图 83 中图）从 1928 年 11 月到 1942 年
4 月形成了一个包含 5 个波浪的三角形。该三角形的正规顶部
在 1928 年 11 月形成。三角形的第 2、第 3 和第 4 浪的振幅分
别大约是各自前一个波浪振幅的 61.8%。三角形波浪的存在
性可以由它的形状轮廓、时间、每一波浪的构成以及每一浪

对其前浪的一致比率来证明。从 1921 年到 1929 年（8 年）的市场高速膨胀导致了股价迅速下降到 1932 年的水平（历时 34 个月）。这样上下交替，形成对称三角形，像逐渐静止的钟摆一样。

这个三角形忽略了在 13 年期间发生的以下事件：从共和党到新政府的更迭，美元贬值，政府债券中拒绝兑付黄金的条款，两个任期连任的惯例被粉碎，第二次世界大战始于 1939 年，经济总产量大大上升，股市指数在 1938 年开始上升，并在 1941 年 6 月完成了 5 个波浪的进程。

伦敦工业指数（图 83 上图）在 1929 年没有跟随纽约股市的变动。该指数的顶点分别在 1929 年 1 月的 140 点和 1936 年 12 月的 143 点。指数最低点在 1932 年和 1940 年是一样的，61 点。从 1940 年到 1943 年 1 月，这个指数上升到了 131 点。在 1939 年 1 月 26 日至 7 月 28 日之间，伦敦工业平均指数的变化趋势形成了一个三角图形。伦敦股市分别在 1720 年、1815 年和 1899 年达到最高点，各自大约相隔 89 年（斐波拉契数列数字）。英国股市何时以及如何膨胀变化，并没有按照美国股市的变化进行。

克利夫兰信托公司（图 83 下图）编制的经济总产量指数

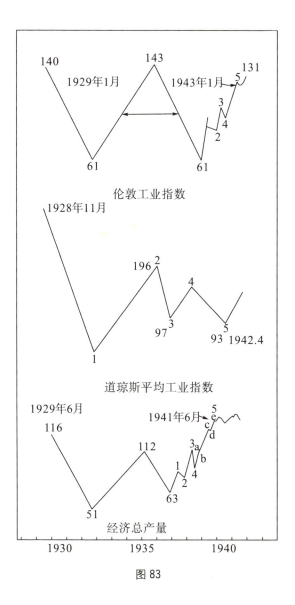

图 83

分别在 1929 年 6 月和 1936 年达到 116 点和 112 点的高点，并在 1938 年回落到 63 点的最低点。从最低点开始，指数开始向上推进，并在 1941 年 6 月完成了 5 个波浪的运动，在这之后，道琼斯工业指数才在这个三角形的末端——1942 年 4 月。

1857 年至 1928 年期间，我们参加了三场战争：南北内战、对西班牙战争和第一次世界大战。然而，像其他地方显示的那样，超级循环运动的模式是完美的。股票和大宗商品从未一起攀升过。因此，如果大宗商品指数上升到高点，股票市场不会在同时做同样的事情。大宗商品分别在 1864 年和 1919 年大幅上涨过，相距 55 年。

新闻的无用论会在下一章中得到展示。一位金融作家曾说过：

> 事实是，证券价格一直在上涨，是来源于萨勒诺（意大利西南部港口城市）的好消息，在 8 月上涨也是基于西西里的类似好消息，因此研究者们得出结论，8 月的市场反应主要是由于技术考虑，而不是军事冲突的发生。

某一天，伦敦经历了一场严重的"闪电战"。伦敦股市上涨，纽约股市下跌。两个地方的金融作家都强调"闪电战"是原因。当时，伦敦正处于上升趋势，纽约处于下行趋势。市场的每一个变动其实都在遵循它自己的模式，而不是"闪电战"。在 7 月 25 日墨索里尼退出后，同样的市场变动又发生了。

上面的分析证明了，在任何时候技术因素都主宰着市场的运行。

第十六章
道琼斯铁路指数

对道琼斯铁路股票指数的研究是十分有趣的，而且是有益和有利可图的。自从路易斯安那州被收购以来，与墨西哥和加拿大的边界争端也解决了，还增加了得克萨斯州和加利福尼亚州，这些都使国家的版图扩大，各地之间有很大的距离，因此交通成了我们经济活动中最重要的人为因素。

图 84 下方是 1906 年至 1944 年 1 月道琼斯铁路指数与工业指数的比值。这表明，相对于工业的表现，铁路在 1906 年至 1940 年（共 34 年）间持续疲软。造成这种情况的原因是：1. 债券相对于普通股票的比例过高；2. 巴拿马运河在 1914 年（1906＋8＝1914）开始商业运作；3. 汽车和飞机的兴起。

这三个因素造成了铁路债券和铁路股票的疲软，这样的情况导致了在 1940 年，铁路总里程中有三分之一在进行破产清算，还有三分之一濒临破产清算的边缘。

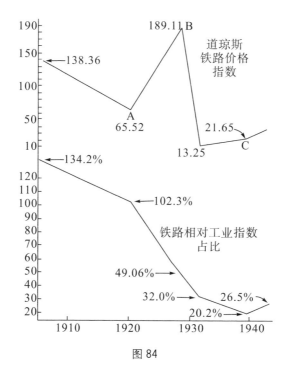

图 84

第二次世界大战暂时削弱了巴拿马运河的竞争优势，同时增加了铁路的客运和货运收入。铁路公司自 1940 年以来获得了非常丰厚的收入，特别是在珍珠港事件之后，铁路企业有能力减少其债券负债以及因此产生的固定费用。由此带来的受益是永久性的，见图 85。

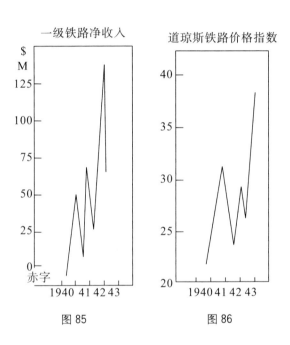

一级铁路净收入

道琼斯铁路价格指数

图 85

图 86

铁路指数在 1940 年回落到了最低点，从那以后又开始回调上升直至 1943 年 7 月，如图 86 所示。两年后的 1942 年 4 月，工业指数达到其低点，此时是 13 年期大三角形阶段的尾部。

在 1906 年到 1940 年的 34 年（斐波拉契数列）之间，铁路指数在工业指数发生变动之前向下发生回调，并且在工业指数回调以后又反转向上。但是从 1940 年之后，这种做法调转了一下：铁路首先反转向上，最后反转向下，而且这种做法可能持续数年。

第十七章

消息的价值

　　华尔街有句谚语："消息适应市场。"这意味着，不是消息"造就了市场"，而是由市场根据重要性来预测和评价那些可能成为消息的潜在力量。充其量，消息是人们对那些已经作用了一段时间的力量的迟到认知，它只会让那些还没有意识到这一趋势的人吃惊。

　　支配市场运行的力量来源于自然界和人类行为，可以用各种方式来衡量。如伽利略、牛顿和其他科学家所证明的，力量可以通过波浪的形式传播。通过比较波浪的结构和程度，可以相当精确地计算和预测这些力量。

　　这一说法可以通过对道琼斯工业平均指数45年记录的粗

略研究来证实。在这 45 年间，有国王被暗杀，发生了战争，出现了战争谣言、繁荣、恐慌、破产、新时代、新政、"垄断取缔"，各种历史性的和激动人心的事件发生。然而，所有牛市都以同样的方式运行，同样，所有熊市都表现出相似的特征，这些方式和特征控制和衡量市场对任何类型消息的反应，以及控制整个市场趋势各组成部分的范围和比例。不论消息是怎样的，我们可以评估这些特征并用于预测未来的市场。

有时候确实会发生令人完全意想不到的事情，比如地震。然而，不管令人惊讶的程度如何，一个比较保险的结论是，任何此类事件的发展都会非常迅速地大打折扣，但是在事件发生前就已经开始进行的趋势不会逆转。

面对上面所说的情况时，比较有保障的做法之一是，有经验的交易者愿意"根据好消息卖出股票，而根据坏消息买入股票"，尤其是当消息与当前市场的流行趋势背道而驰的时候。这一做法往往会打乱公众对市场的期望，在不同的时间对类似的新闻做出直接和同样的反应。

对那些认为消息是影响市场趋势的主要原因的人们，可能让他们在赛道上进行赌博的运气都比依靠他们自身能力去猜测那些显著消息是否重要的准确率还要高一些。新泽西州韦斯特伍德（Westwood）的 X. W. 吕弗勒先生发布了道琼斯股票平均价格指数的图表，列出了按时间顺序排列的重要新闻事件（价格 1 美元）。仔细研究这张图，它清楚地表明了，市场面对同一类消息时的反应，既有上升也有下降。因此，"看清楚森林"的唯一方法就是在比周围的树更高的地方找一个位置才行。

战争使得世界各地的势力开始强大，他们似乎能够控制几乎所有的因素，并推动市场朝一个方向发展得越来越远。在不同的时间，头版都会显示战争中发生的事件。例如 1937 年 8 月和 9 月，1938 年的 3 月、8 月和 9 月，还有 1939 年的 3 月至 4 月，市场上均出现了剧烈的震荡，这一切都与战争的发展时间相吻合。然而，当 1939 年 9 月 1 日，（轴心国）正式宣布发动战争时，美国市场却猛烈地向上攀升且成交量巨大。面对这一奇怪的市场行为，唯一令人满意的解释只能来自对市场在该时间段所处的周期地位的技术分析。

在 1937 年、1938 年和 1939 年初，市场已经完成了重要的反弹，并且又恢复了战争发生初期时的下降趋势。因此，"战争恐慌"被用作解释做空的原因，并且只是加速了市场下降的趋势。另一方面，这时候的市场和 1939 年 9 月战争刚开始时的地位是完全不同的。图表显示，向下的阶段是从 1939 年 7 月下旬开始的，以此修正了从该年 4 月中旬开始的上行运动。这一下降阶段是在 9 月 1 日的前一周完成的。事实上，市场在这短短的时间内从 8 月时的波浪底部迅速上升了 10 点。

在轴心国正式宣布开战时，美国市场在一天中急剧下跌甚至低于 8 月低点的水平，然后又以惊人的速度向上回弹。那些在 8 月低点和趁市场由于对第二次世界大战恐慌而出现的底部时买入股票的人，与那些试图在随后的疯狂掠夺中买入股票的人相比，获得了更大的受益。在大多数情况下，这些迟到者会很后悔他们买入了股票，因为他们支付了市场的最高价格，随后卖出又导致了很大的损失。实际上，在战争开始后不到两个星期，钢铁股和其他主要的与战争相关的股票的市场高位就已经达到了。从那以后，市场还是持续处于看空的状态，投资者对战争相关股票和战争的利润前景抱悲观心态，因为这时市场还处于熊市周期中，一直到 1939 年秋季才得以恢复。相反的是，"一战"（1914－1918 年）对市场的影响主要是看涨，因为此时从 1913 年中期开始市场处于价格周期的上升期。

当法国在 1940 年 6 月初沦陷时，大多数人认为战争会在很短暂的时期内结束，希特勒必然会占领英格兰。然而当年5月道琼斯工业平均指数就达到了110.61点，这时候市场的波浪就已经显示，这段最糟糕的阶段结束了，人们应该为市场实质性的中级复苏买入股票。要知道，即使在6月的上半月中，来自欧洲的高度牵动人情绪的消息也只是使市场的平均指数上涨到110.41点。

在1940年11月选举时，政府发布了轰动性的新闻公告，称国家将为国防和援助英格兰提供巨额支出。多数经济学家和观察家认为，若执行这个计划将会引发通胀，因此都买入股票。然而，与此同时，波浪表明，通胀不会有助于股票价格上涨，而且自6月市场完成了上行走势后，股票价格应该会大大降低。随后，市场下跌了近50点。

一个普遍的认知是消息会影响市场，这被大家广泛接受并且利用此关系来进行投资。如果当前消息和波动相关，那么周期将不会出现。每当您倾向于相信"消息"时，我建议您仔细研究图71中的模式和波动比率，然后回顾在这21年期间多次出现的事件和相对应的思路。

第十八章

制 图

研究者们可以从图表中给出的详细建议获益，因此我认为制图是很有必要的。图形的范本展示在了图 87 中。

要准确地观察低级别波浪的运动情况，就要求绘制每日价格的波动范围（即最高点和最低点）。这一最高点与最低点范围由道琼斯公司于 1928 年引入。

为强调价格波动而建的图表中标尺距离为，垂直的 1/4 英寸表示工业平均指数的 1 个点位，垂直的半英寸为铁路股票指数平均值的 1 个点位，垂直的半英寸为公用事业股票指数平均值的 1 个点位。图表上的这种标尺有助于准确地理解价格变动。1/4 英寸标尺又被细分为 5 个小刻度，从而消除任何需要猜测的地方，这样可以在非常准确的位置上记录每日和每小时价格变动的范围。

同样重要的是，注意如何确定每天之间的距离，如图87右图所示。如果图表中的每条垂直线都描绘出来，而不是每隔一条来描绘，就会使表示价格范围的垂直线太拥挤了，不方便阅读。但是不要在图上留任何地方给假日或星期日（休市的日期）。

同样的，建议使用相同的刻度和表单记录每小时价格的变动范围。水平的1/4英寸为一个5个小时的交易时段，或最小的一个正方形表示为1分钟。在星期六的两小时交易之后，不用留任何空间。不用显示开盘的数字，因为每日交易的最后一个小时结束时会显示当天价格的高低范围。所有这些建议都详细显示在图87左图中。

不要为了节约开支而牺牲图表的清晰度。当价格的变动要从一张纸上开始绘制，但是却要在另一张纸上才能绘制完整时，图形的清晰度就会受到损害。当价格变动在一张图表的顶部停止并在另一张图表的底部又重新开始时，也同样会影响图形的清晰度。

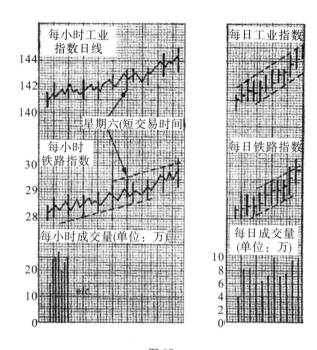

图 87

由柯费尔艾瑟公司（Keuffel & Esser）制造的图纸就能够比较清晰地解读波浪的变化。图纸可以在该公司的商店和其他大文具商店买到。图纸的大小可以为：1. 20 英寸宽长度按尺码卖；2. 长宽为 8.5 英寸×11 英寸的表格；3. 长宽为 10 英寸×15 英寸的表格。上面说的三种大小的纸分别有两个重量的纸在销售。①

这里我建议使用大小为 10 英寸×15 英寸规格的图纸，并在一张纸上绘制不超过两个平均值。例如，在一张 10 英寸×15 英寸的图纸上，应该显示工业的每日价格范围和每日交易量范围，在另一个 10 英寸×15 英寸的图纸上，记录铁路股指和工业股指的每日价格范围。在另外两张 10 英寸×15 英寸的图上，　个用于记录工业股指每小时的价格变化和整个市场每小时的交易量，另一个用于记录铁路股指和公用事业股指的每小时价格变动，总共 4 张图纸用于记录整个市场变化。

上面的一般性建议同样适用对单只股票和单个商品的绘制，除了图表中 1/4 英寸应细分为四个刻度而不是五个刻度。

对周线的图表进行绘制应该选择在最大尺寸的图纸上，以方便覆盖一个较长的周期，整个周期绘制在一张纸上用于观察。绘制月线，特别是绘制平均值并且区分股票板块进行绘制，对于观察整个市场周期非常重要。

第六章中的图 53 和图 54 说明了绘制日线图的价值，它可以方便我们预先确定每周价格波动的范围和模式。用相似的

---

① 纸的质量根据重量的不同而有所不同。

方法，周线图的绘制可以帮助我们确定每月价格波动的范围和模式。月线图的绘制有助于确定整个大周期的波动范围和模式。同时，月线图的波动范围有助于研究每月所处的时间周期和相应的波浪之间的比率。

在图 87 中，每 1/4 英寸长度的垂直线代表工业平均指数的 1 个点位。半英寸长的垂直线表示铁路指数和公用事业指数的 1 个点位。在周线图中，可以缩小一些，1/4 英寸可以表示工业指数的 2 个点位，同时表示铁路指数和公用事业指数的 1 个点位。月线图还可能进一步缩小。

在实际的图表纸上，十字网格线的颜色呈淡绿色，在图上使用黑色的墨水绘制图表，那么图案在淡绿色背景下会非常突出，引人注目，这也非常有利于人们解读波浪。

第十九章

投资时机

时间是宇宙间主要的元素之一。我们把一年中的时间按季节分为春天、夏天、秋天和冬天。人们意识到白天是活动的时间，而夜晚是放松和休息的时候。

在投资问题上，时间则是最重要的因素。选择买什么是一个重要的问题，但什么时候买却是更重要的问题。投资市场本身会预言自己的未来，从波浪的模式中就能预测市场的下一步运动，这样就很容易明确波浪的起点和结尾，从而做出决策性的分析。

自然的法则包含了所有最重要的元素——时机。自然法则不是一个控制市场的制度或方法，而是一种现象，它看起来能够记录所有人类活动的进程。而把它应用到市场的预测中去的这种做法是革命性的。

如果一个人在 1932 年 1 月投资了 1000 美元的长期政府债券，并于 1939 年 6 月售出，则在该期间的 89 个月中，总利润为 5000 美元（包括利息和价格上涨）。在 1932 年 1 月，政府债券的市面收益率为 4%。在 1939 年 6 月，该收益率只有 2%。至于股票市场方面，1932 年 7 月的 1000 元投资，将于 1937 年 3 月增至约 5000 元，而且还没有计算应得的股息。以上的结论是基于最流行的平均数的百分比增长得到的。

准确预测的重要性导致了统计使用量的极大增加。把 50 年前的报刊文章与今天的报纸进行对比将得到这方面的启示，你会发现数以百万计的人都在寻找一个令人满意的预测机制，但是如果人们还没有意识到市场的特征是预期而不是跟随，那么大家的各种搜寻都将毫无结果。

第二十章

选择交易品种

第十九章表明，股票交易的首要因素是时机，即何时买入和卖出。接下来的一个重要因素是选择哪些股票进行交易。为帮助您选择交易中可以考虑的证券（包括股票和债券），您应牢记以下的所有基本要素：

1. 波动和收益

任何证券的市场价格波动远远大于其收益率，因此，首要因素是考虑价格波动中本金的保值和升值。

2. 牛市的顶部

在牛市中，55只标准统计股票[①]列表中的每一组在不同时间达到了顶部，就像风扇一样轮转。牛市是指在大约两年时间内形成了5个主要大波浪的市场。在这样的时期里，几个股票板块倾向于一致地移动，这是由这个周期内强大力量推动造成的。

3. 熊市

通常熊市的时间比牛市的时间长。在1929年至1932年的熊市期间，在十分严重和相对较短的下跌过程中，最优质的股票和债券，以及比这两者等级更低的其他证券，无论其实际价值如何，都被投资者变现。许多交易者都有这样错误的印象，认为所有熊市的底部都应该重复这种表现。但是研究表明，要等许多年之后才会看到市场出现这种剧烈的衰退现象。

当熊市出现最后底部时，几乎所有的股指板块都会同时出现底部。就同牛市顶部的反转一个样。在熊市期间，强大的领涨股不会很明显，在反弹时尤其如此。在熊市波动期间，

---

① 美国股市早期用于计算股指所挑选的股票，类似今天的标普500指数中的个股。

整个市场和几个板块股会对所有当前事件和外部因素更加敏感。

4. 以往的交易经验

许多交易者因为以前投资的失败经历，会对某些股票存在偏见。如果一味地保持这样的想法，交易者最终会发现没有任何一只股票可以值得投资。

5. 不活跃的股票

应避免投资经常或偶尔不活跃的股票，原因是波浪没有记录该股票的运动趋势。不活跃清楚地表明，股票在市场中没有彻底地流通分配，或者它已经达到了充分成熟的阶段。

6. 内部消息

通常内部消息来自善意的朋友，他们会提示不太活跃和低价的股票。最好将交易限制在总是活跃的股票上。

7. 股票的年限

股票通常有三个发展阶段：第一阶段是年轻或实验阶段，在这种情况下，应该避免投资这些股票，因为它们还不太成熟，人们也不熟悉这些股票的运行模式。第二阶段是创造性阶段。处于这一阶段的股票已经得到了健康的发展，从而成为一种理想的交易品种，因为人们已经充分地了解了它的运行模式。第三阶段叫作成熟阶段，在这一阶段中股票得到了最充分的发展。

这类股票的股息可能很持续可靠，价格波动会变小。由于这些原因，这些证券会成为投资组合的选择，而对那些希望通过交易获利的投资者吸引力不大。

总而言之，当利用可靠平均值的模式进行投资获利更好时，请按照以下建议进行：

1）选择与平均指数运行一致的板块。

2）然后选择与板块运行一致的股票。

3）选择一直活跃、中等价位和比较成熟的领涨股。

4）注意资金的多样化。也就是说，用相同的资金分别投资5－10只不同的股票，每一个板块只挑选1只股票（例如：通用汽车、联合飞机、美国橡胶、美国钢铁、纽约中央和统一爱迪生）。

第二十一章
金字塔符号及其
如何被发现

在兰登基金会（Landone Foundation）的许可下，我引述了兰登先生所著《梅尔奇－泽迪克的预言》（*Prophecies of Melchi-Zedik*）一书中第 134 页和第 135 页的三段：

金字塔基座周围的总距离是 36524.22 英寸。这正好是 100 乘以 365.2422（人类太阳历中一年的日期数）。

金字塔的高度是 5813.02 英寸。

神秘的智者确定了数量、时间、重量和长度，以及面积和体积的测量方法。所有这些测量都是基于某一正方形一侧的长度，而这个长度是从周长等于太阳历中一年天数

的圆得出的，并且，因为地球绕太阳公转的时间是永恒的，

这些神秘智者创造的唯一测量方法是永远准确和永恒相

同的。

在确定了吉萨大金字塔周长的基础上，调查人员为一些已知的事实进行了讨论。例如，确定了一年中的天数，并精确到了最后的小数。换言之，由于这两个事实相关联，从而确定了可以利用金字塔中的符号进行预测。

作者发现了人类活动的节奏，后来才意识到它已经在大金字塔的象征符号中体现了。埃及考古学者并没有发现这个符号，因为他们不知道在自然界和人类活动中的节奏（自然法则）。在本书第一章和第二章描述了这一象征意义，并在第八章到第十四章进行了阐述和证明。

作者在金字塔象征意义上有以下贡献，按命名顺序所示如下：

发现了波浪的模式、级别和数量。

发现了斐波拉契数列、汉姆毕格在艺术和植物学应用中的发现、毕达哥拉斯和他的神秘图三者之间的关联性。

从所有不同的角度绘制了大金字塔的图形。

斐波拉契比率和金字塔高度与金字塔基座比例的相关性。

金字塔高度为 5813 英寸（这是由斐波拉契求和系列的 3 个基本数字组成的：5、8 和 13）。

（斐波拉契）求和数列在人类活动很多领域中的应用。

比例尺

绘图员使用一种叫作"比例规"的仪器，它的支点是可移动的，这样可以方便地获得任何比率。这种仪器价格昂贵，而且现在几乎无法得到。因此，我设计了一个便利的替代品来确定比率，而且不需要进行数学计算。这个小仪器可以确定任何两个运动之间的比例，无论是振幅或时间，都是 61.8%。每当我收到 25 美分的支票、汇票、硬币或邮票时将会回寄一个。

R. N. 艾略特

华尔街 63 号

纽约州纽约市（5）

第二十二章
运动的规律

字典中"周期"这一词的定义有几个："一段时间"，
"一个翻转或圆圈"，"螺旋叶结构"，"重复自己的系列"。我
们的注意力主要集中在股票市场的周期性节奏上，因为它们
是非常明显的。从车轮到行星的每一项运动都是具有周期性
的。为了方便衡量周期的进展，可以把它分段或分级进行
研究。

行星以各自特有的速度在轨道上行进。地球绕着自己的
轴线每 24 个小时旋转 1 圈，把时间分为白昼和黑夜。它每年
环绕太阳 1 次，从而出现了 4 个季节。天文馆的仪器可以向后
或向前，以方便显示行星及其卫星在任何时间包括过去、现

在或未来的相对位置和运动。

有些物体永远不会改变它们的运行模式。例如，我们经常观察到水有一个完整的循环过程。太阳照在海面上的光线会导致水蒸发。气流推动蒸汽，直到它在丘陵和山脉遇到更凉爽的空气时，蒸汽反过来又凝聚成水。引力把水拉回地球，再一次融入大海。

无论是大国还是小国，各个国家都会经历政治、文化和经济的周期。我们可以观测到人类生活群体行为中的诸多模式，例如在城市之间的迁徙、年龄的平均值、出生率等。

图88的图形表示，一种人类活动的运行轨迹不能依赖于另一种的运行。因此，每种活动的模式必然有它自己的运动波浪，而且不可能通过对外来因素的分析得出。从1939年到1942年4月，股票市场的表现滞后于实体经济，引发了很多讨论，但人们没有发现的答案却是，在20世纪20年代的8年通货膨胀造成了一个到1942年结束的13年期的三角形。

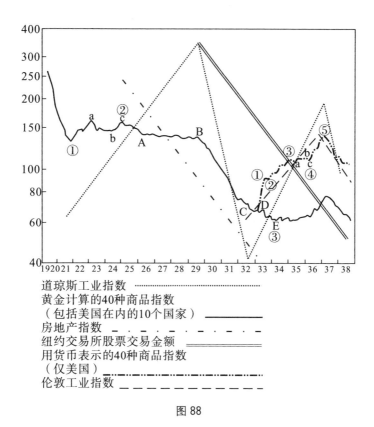

图 88

道琼斯工业指数 ·········
黄金计算的40种商品指数
（包括美国在内的10个国家）
房地产指数 — · — · — · — ·
纽约交易所股票交易金额
用货币表示的40种商品指数
（仅美国）
伦敦工业指数 — — — — — —

图89所示的气温图很重要。气候温度虽然与人类活动无

关，然而气温图中显示的110年间的周期性波浪，形成了一个

完美的向上攀升的五波浪模式。

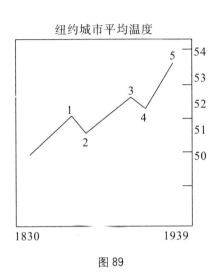

图89

有很多活动都存在高峰与低谷的周期性交替，如流行病、山猫毛皮的生产、天幕毛虫的活动、鲑鱼的洄游等，基本都是一致的。在人类活动中，周期并不一定存在相同的间隔，但是它们会遵循斐波拉契求和数列形式的波浪模式。

动态对称是自然界的规律，是一切活动模式的基础。

自从人类发现地球是圆的以来，"循环"一直是许多研究的主题。这里通常有三类循环问题：

1. 第一个是波峰与波谷之间的统一周期性问题。如白天和黑夜，一年中的季节，潮汐，流行病，天气，成群的昆虫，等等［这里我推荐一篇由唐纳德·G. 库利所著的题为"周期预测未来"的文章，发表在《机械图解》杂志（*Mechanix Illustrated*）1944 年 2 月刊中］。

2. 第二个是在某些情况下由天文方面引起的周期性波动。

3. 第三个是模式、时间和比率，如数学家斐波拉契所揭示的求和级数所阐述的那样。

牛津大学教授 A. H. 丘吉尔所写的一本名为"叶序与机械定律关系"的小册子非常有趣。叶序是植物的叶子排列。杰伊·汉比奇先生花了多年的时间进行研究记录，他是《动态对称的实际应用》一书的作者。书中有一章题为"叶序法"。本书的第二章中引用了该书中第 27 页和第 28 页的段落文字。伊利诺伊大学的病理学教授威廉·E. 彼得森博士是《病人与天气》一书的作者，这是一本重要而有趣的书，其中描述了疾病的进展模式。书中的模式与其他任何活动包括股票市场都是一样的。

世界铜产量

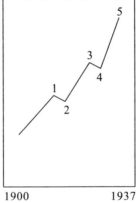

1900　　　　　1937

图 90

世界棉花产量

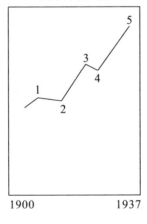

1900　　　　　1937

图 91

第二十三章

大 萧 条

对于股票市场而言，"大萧条"这种通常的表达方式是不恰当的。如前面图 68 和图 82 所示，从 1929 年至 1932 年的股市下跌是前一时期市场上涨的一个调整。字典将"凹陷"定义为"在一般水平之下"。科罗拉多大峡谷是一个"大凹陷"，因为它远"在一般地表之下"，而且两边都蔓延许多英里。从落基山脉顶端到太平洋是一个"调整"，可以说，这不是"下陷"，尽管太平洋沿岸比科罗拉多峡谷的底部要低得多。股市中没有"萧条"这样的东西。如果有的话，那么说从落基山脉到太平洋是一个"下陷"就是正确的了。这种错误的表达有许多原因。①

对股票不感兴趣的一般公众，从 1921 年到 1929 年之间，可能已经享受并习惯于连续的就业。自然地，他们认为这是一个正常的状态。当 1929 年到 1932 年之间的经济下滑发生时，许多人发现很难做到收支平衡。似乎人们又自然地认为这是一个"萧条"的状态。

在股市 1921 年至 1929 年的上涨过程中，股票交易员听到的消息是，我们目前处于一个"崭新的时代"，市场"永远不会下跌"，"只会不断上涨"，等等。那时候市场中许多常见的做法是"可怕的但是合法的"。

许多政客应该对"萧条"这个词的错误使用负责。在 1929－1932 年股市下跌的早期阶段，胡佛先生还是美国总统，一些人鼓吹说，繁荣"就在拐点附近"。在 1932 年的总统竞选中，民主党指责共和党和胡佛先生导致了"萧条"。

1932 年、1936 年和 1940 年的选举结果表明，大多数选民相信新政。共和党人将 1937 年至 1942 年的股市下跌归咎于新政。对这一政治上哗众取宠的虚伪言论，无论是由民主党人

---

① 原文中作者始终使用的是"depression"一词，译者根据上下文将该词分别译为：萧条、凹陷和下陷。

还是共和党人发起的，作者都在本书第十章和第十一章中进行了驳斥。

股票市场从没有"萧条"，它只是对前一阶段的上涨进行回调。市场的循环总是在重复进行着。

许多服务机构和报纸上的金融评论员坚持将当前的事件作为市场上涨和下跌的原因进行讨论。他们手上有随时可得的每日新闻和市场行为，因此，他们就简单地把一个问题套到另一个问题上去。如果没有什么消息，而市场又在波动时，他们就说市场的变动行为是"技术性的"。这方面的特点在第十七章中讨论过了。

有时候，一些重要事件发生了。如果伦敦股市下跌而纽约股市上涨了，或者情况相反，评论家们都会被弄迷糊。勃兰特·巴鲁克先生最近说过，"不管你做什么或没有做什么"，繁荣将与我们在一起数年。思考一下他的这句话。

在"黑暗时代"①，人们认为世界应该是平的。现在人们还在坚持将类似的错觉永久化。

---

① 指欧洲中世纪早期、愚昧时代。

第二十四章

个人的情绪周期

人类活动中的大众心理周期已经在前面其他地方的图形中展示了。有科学家展示了其在个人情感周期上的研究成果。麦伦斯·特恩斯 1945 年 11 月在《红书》(*Red Book*) 杂志上撰写了一篇文章，公开了雷克斯福德·B. 赫西博士 (Dr. Rexford B. Hersey) 在该领域中长达 17 年的研究成果。麦考尔出版公司允许我引用这篇文章，我会在一些特殊数字下面画线，并在最后一段中提到了它们。

赫西博士是罗兹学者① (Rhodes Scholars)，是西弗吉尼亚大学和柏林大学的毕业生……赫西博士写了一本总结他研究结果的书，叫作《在商店和家里的工人情感主义》，宾夕法尼亚大学出版社于 1932 年出版。宾夕法尼亚铁路公司富有远见的管理者大力支持了赫西的研究工作……赫西博士被邀请去德国，他发现那里的工人和美国工人的情感反应都是一样的。

赫西博士的观察和研究已经持续了 17 年，足以证明人类情绪上升和下降的周期性的存在性。他的研究表明，每个人都一样，兴奋和抑郁是互相跟随的，其规律性像潮水的涨跌一样可靠。通过在一段时间内对研究对象进行的所有检查，赫西博士发现每个人都有一种相当规律的情绪模式。例如赫西博士从图表中分析得出，每当第 5 个星期他自己就会变得更加挑剔。

你理所当然地认为，厄运使人沮丧，只能靠强大的意志力量去克服它，另一方面，好消息使人兴奋，又会让你飞到世界之巅。但是现在的科学研究表明你的认识是错误的。

---

① 罗兹学者是指罗德奖学金获得者，该奖项有"世界本科生诺贝尔奖"之称的美誉，是全球学术最高奖之一。说明书中提到的赫西博士的学术水平很高，他的研究结果值得相信。

如果你充满活力和热情，好消息会使你的活力还有热
情更加高涨。或者，如果你正处于"忧郁星期一"的情绪
中，好消息可能暂时会对缓解你的沮丧有所帮助，但其作
用仅此而已。

人类的情绪通常是以 33 天为间隔规律地上升和下降。
这些情绪的起伏形状与股市走势类似。血液中的胆固醇大
约有 56 天的循环周期……甲状腺的分泌，决定了人体的情
绪周期，通常出低到高，大约 4 到 5 个星期进行一次循
环……在甲状腺功能亢进病例中，该周期可能缩短至 3 周。

在情绪周期上男性和女性之间似乎没有差别。

斐波拉契求和数列包含数字 3、5、34 和 55。时间周期并
不总是精确的。因此，当提到一个周期是"33 到 36"时，这
个周期的基数是 34，或多或少。时期为 55 的基数包括"56"。
当您的家人、朋友、雇员、雇主、客户等打扰您时，我建议
您回顾本章。其他人和你一样有情绪周期，不要让你的情绪
周期与别人的相互影响。

第二十五章

毕达哥拉斯

毕达哥拉斯，一个伟大的学者，生活在公元前 5 世纪，为人类历史做出了很多令人难以企及的伟大贡献。很多人都喜欢阅读《大英百科全书》里关于他活动的记录。他持续热衷地对他人的发现进行调查，也曾经常访问被称为"文明的摇篮"的埃及。

毕达哥拉斯以他的数学研究而闻名。但以我之见，他最重要的发现却被忽略了。他曾画过一个三角形，并以一个神秘标题——"宇宙的秘密"来命名。这一特点在第二章中进行了详细的阐述。

1945 年，毕达哥拉斯研究协会主席约翰·玛纳斯博士撰写了一本题为"解开生命之谜"（*Life's Riddle Solved*）的书，在书中他展示了一张毕达哥拉斯的照片。我得到了加利福尼亚州洛杉矶哲学会长曼利·P. 霍尔先生的许可，在本书中重新展示了这张照片（详见本章）。

这张图片中有许多符号，但是我们将把注意力集中在两个物体上，一个是毕达哥拉斯右手托举的金字塔，另一个是图中右下角的三个方块。

金字塔想必代表的是吉萨大金字塔，该塔大约建造于公元前 1000 年前，一些学者认为它的历史还要更加久远。这个金字塔被归类为"世界七大奇迹"之一。建造者们在建造测量时的精确程度以及巨型大理石的排列位置都是令人赞叹惊讶的。然而，如果与金字塔所象征的意义相比，这些特征都是微不足道的。也许《圣经》中的一段就是指金字塔："在那日，在埃及地域中间必有为主耶和华建造的祭坛，在埃及的边界上为耶和华筑一根柱子（以赛亚书 19：19）。"

本书第二章是对该金字塔从不同角度进行的图解。为便于参考，图 92 重复显示了金字塔一侧的视图。

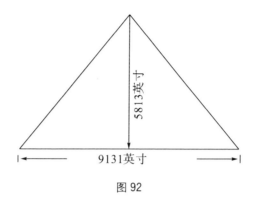

图 92

金字塔底部一边长 9131 英寸，则四边总周长为 36524.22

英寸。这象征着我们太阳年历中一年的天数：$365\frac{1}{4}$ 天。我们

的日历显示一年是 365 天，但每第四年必须额外增加 1 天（即

2 月 29 日），就是通常说的"闰年"，4 年的总天数为 1461 天。

从底部到顶点的海拔为 5813 英寸。底部一侧边长是 9131 英

寸。海拔与底部边长的比值为 63.6％。金字塔有 5 个面和 8

条线。5 加 8 等于 13。注意海拔：5813 英寸——5、8 和 13。5

是 8 的 62.5％。8 是 13 的 61.5％。请注意第十章图 71 中此比

例在市场中的实际应用。

在人类活动中，上升运动由 5 波组成，其中 3 波向上、2

波进行干预调整。一个周期由 5 波上升浪和 3 波下降浪组成，

总计为8浪。这个规律适用于小浪、中浪还有大浪等任何程度的波浪。详见本书第四章。

图93重新显示了毕达哥拉斯图片右下角的图，我在图片中有阴影的方块中编了号。右上角的正方形有5个带阴影的格子。左上角有8个带阴影的格子。底部的正方形有13个格子有阴影。这些数字对应金字塔的海拔高度。

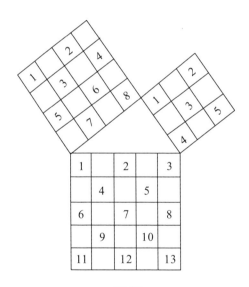

图93

图 94 显示了和图 93 相同的三个正方形，但是图形中小格子的编号方式不一样。

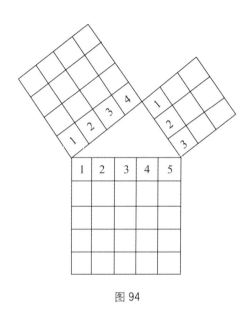

图 94

● 1、2、3　　　　　　3 的平方为 9（最小正方形的面积）

● 1、2、3、4　　　　4 的平方为 16（中等正方形的面积）

● 1、2、3、4、5　　5 的平方为 25（最大正方形的面积）

　　这便是毕达哥拉斯研究中最著名的定理：直角三角形斜边长度的平方等于另外两边长度的平方之和。

现在再次回顾斐波拉契求和数列，1 到 144。这些数字构成了毕达哥拉斯所说的"宇宙的奥秘"。在生物学中，最好的例子就是向日葵花盘，本书第二章引述了杰依·汉比奇先生的叙述。在人类学和动物学中，数字 3 和 5 应用最广。在这张毕达哥拉斯的图中还有很多其他的符号，都是一些设想。

第二十六章

其 他 杂 项

▷▸ 波浪的成交量

在上升过程中，第 5 浪的成交量不会超过第 3 浪的成交量，只有个别情况下才会超过。当成交量开始上升，一波上升浪就会随之而来，一直达到新的高点而成交量不再上升时结束。观察图 95，图中第 2 浪的成交量低于第 1 浪，这是一个有利的指示信号。

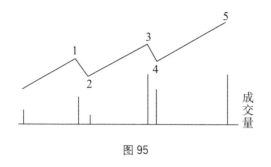

图 95

▷ · 圆 圈

"周期"这个词汇表示圆圈的意思。有时候这个特征会在股市的图形中显示。在图 96 中，圆圈被分成了 A、B、C、D 四个区。当图形向下滚动，如在 C 区，如果波浪的数量显示向下的模式已经完成，那么在圆圈的底部，一个或一系列的"三浪运动"会出现，并且会在 D 区加速上升。整个下降和上升的图形就会在 C 区和 D 区也就是在圆圈的下半部分完成。

1945 年末的罢工浪潮类似简单的钟摆，从左摇到右边，从 1 到 2 然后到 3，如图 96。在劳工还没有组织之前（可追溯到 1906 年），许多雇主，可能不是所有的，对他的雇员、竞争者和其他公众是专制、冷酷和无情的。今天一些罢工者的行为并不比早期雇主的管理行为差。每个国家、人类活动和个人都有自己的周期——有些很长，有些很短，这取决于各自的类别和程度。

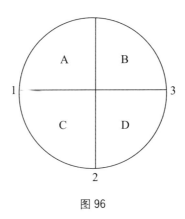

图 96

▷ ‧ A－B 底

"A－B底"在第六章图53中展示过，有时它会包含第五章中所说的双重3浪甚至是三重3浪，尤其是当一个圆形的底部形成时会很容易出现。具体详情可回顾上文"圆圈"一节。

第二十七章

1942—1945 年牛市

　　道琼斯工业平均指数从 1928 年到 1942 年 4 月的 13 年期三角形在图 71 中被绘成了图表。如第五章中图 31、32、37 和 38 所述，推力会跟随一个三角形的末尾出现。

　　图 97 是道琼斯工业平均指数的图表。每条竖线表示一个月的指数波动范围。主浪 1 很短。主浪 3 较长，并且它的中浪由小写字母 a、b、c、d 和 e 表示，注意波浪 b 和 d 之间的内基线。主浪 4 从 1943 年 7 月到 11 月，由小写字母 a、b 和 c 表示的 3 个中浪组成。

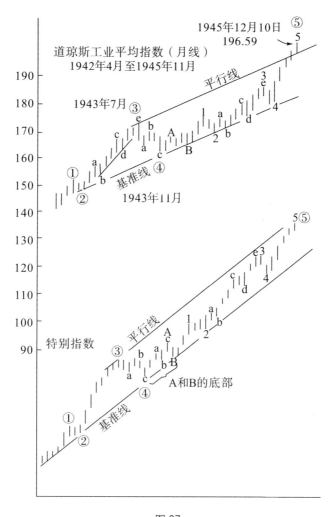

图97

122

主浪 5 从 1943 年 11 月到 1945 年 12 月。其中波浪 A 和 B 经历了 5 个月，这一时期的日线图和月线图都显示，每一级波浪都由 3 波次级浪组成（详见图 53）。

从字母 B 到数字 1 是中浪 1，在日线图（图 53）中显示它包含 5 波次级浪。中浪 3 包含了 5 波次级浪，这里由小写字母 a、b、c、d 和 e 表示，e 是一个延长浪。延长波浪只会在 1、3、5 浪中的一个出现（见图 39 到图 44）。中浪 4 和中浪 2 都是一样的。中浪 5 包含了周线表示的 5 个次级浪，在 1945 年 12 月 10 日达到了 196.59 的高点，稍微突破了平行线的范围。接下来，在 1946 年 2 月 4 日，市场上升到了一个不规则顶部，达到了 207.49 点。

从某个方面来说，1943 年 11 月到 1945 年 12 月形成的主浪 5 是不正常的。它和 1943 年 11 月到 1945 年 8 月之间的基准线贴得太近，而不是直接朝着平行线运行。导致这个异常情况出现的原因是，出现了一波空有资金但是没有投资经验的鲁莽交易者，他们喜欢价位低的股票而不是平均指数中有代表性的成熟股。为了消除这个异常，我计算了一个特别指数来表现市场中的正常交易行为，该指数图形在图 97 中的下半部分显示，其中主浪 5 没有紧挨着基准线，而是从头到尾向上延伸的一条直线。

注意：在图 97 的上半图中，道琼斯工业平均值指数在 1945 年 12 月 10 日达到了 196.59 点，这是一个规则顶（OT）。在本书出版过程中，一个不规则的顶——波浪 B 正在形成。在它之后会跟随着波浪 C（详见本书第七章）。

我预计接下来市场会有一个非常态的熊市出现，正如本书第十二章中图 76 所显示的那样。

回顾和总结

图 71 展示的是从 1928 年到 1942 年耗时 13 年的一个三角形波浪。参照第五章所讲，您将会注意到三角形波浪总是出现在浪 4 中，而浪 5 会超过浪 3 的顶部。

图 98 是 1800 年至 1945 年 12 月的市场变动图表。从 1800 年到 1857 年的波浪 1 是基于商业发展的历史数据而来，因为 1857 年以前的股票市场的记录并不存在。1928 年 11 月是波浪 3 的正规顶部，也是三角形波浪（波浪 4）的开始。1942 年 4 月三角形结束后，"推力"（波浪 5）开始。这一波"推力"总是会超过波浪 3 的顶部，即 1928 年 11 月的正规顶。

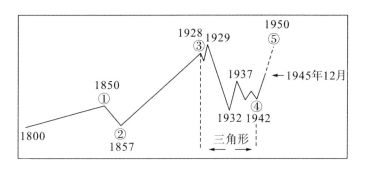

图 98

1921 年到 1928 年 11 月的市场运动由三个牛市和两个间隔于牛市之间的非正常熊市组成。迄今为止，在 1945 年 12 月，一个牛市已经确立。因此，看起来似乎合乎逻辑的是，1942 年之后的市场模式和波动程度将类似于 1921 年到 1928 年的运动，即三个牛市及其之间的两个非正常的熊市。

道琼斯工业平均指数始于 1921 年，当时为 64 点，在 1928 年 11 月上涨到 299 点，上涨幅度为 235 点。股市全力上扬开始于 1942 年 4 月的 93.93 点，上涨了 235 点到 328 点，也就是 1928 年 11 月第 3 浪顶点加上 29 点。上涨的"推力"持续了 8 年，结束于 1950 年，类似于 1921—1929 年的市场状况。由于第二次世界大战期间的资金供应宽松，公众手中持有巨额货币，市场似乎可以印证上面说的推断。

与 1921—1928 年间相比，现在市场有不同的运动模式序列。在 1921—1928 年之间，第 1 浪是正常牛市，没有膨胀的迹象。第 5 浪在 1928 年 11 月结束时，市场绝对存在膨胀。现在，第 1 浪，从 1942 年到 1945 年之间，就已经存在膨胀的特征了。那些低价股票的价值令人怀疑，但是却以"蓝筹股"的形式不断飙升。《纽约太阳报》（*The New York Sun*）选择了 96 只有上涨迹象的股票，每只股票的股价都在 2 美元以下。最高的上涨幅度是 13300%，最低的上涨幅度为 433%。该组的平均上涨率为 2776%。

前面的图表模式描绘了美国历史的轮廓。它的发展史是多么奇妙，其原因在于：

1. 地理位置、形状和边界：一个正方形，两侧临海，两侧有友好的邻邦国家。

2. 纬度和气候：半热带，从而有利于农业。

3. 自然资源：黄金、铁、煤、石油、木材和水道。

4. 天赋和个人的创造性：专利的数量和价值从 1850 年到 1929 年是非常了不起的。请关注第十四章，注意专利申请图（图 81）恰好与股票市场的波动，无论是在线条上或是模式上都是一致的，这反过来反映了商业活动和大众心理。

5. 理想的民主：政府的组成形式能够刺激个人的主动性，这并不意味着完美已经实现，但它确实表明，我们可能是在正确的道路上。

参考文献

1. 毕达哥拉斯（希腊哲学家，生活于公元前 500 年），介绍参见《大英百科全书》。

2. 斐波拉契（13 世纪的意大利数学家，被大多数人称作"比萨的李奥纳多"），他的作品由康特·B. 邦孔帕尼于 1857—1862 年整理出版。

3.《动态对称》,《希腊花瓶》,杰伊·布里奇著，附注附录，第 146—159 页。

4.《动态对称的实际应用》,《叶序定律》,杰伊·布里奇著，第 27—29 页。

5.《自然的调和统一》,塞缪尔·科尔曼和 C. 亚瑟·科恩著。

6. 《比例形式》，塞缪尔·科尔曼和 C. 亚瑟·科恩著，第 34—35、149—155 页。

7. 《生活的曲线》，西奥多·A. 库克著。

8. 《人类状态》，威廉·麦克尼尔·狄克逊著，第 129—131 页。

9. 《梅尔奇—泽迪克对大金字塔的预言》，布朗·兰登著。

10. 《来自所罗门王矿山的宝藏》，约翰·巴恩斯·西莫兹著。

图书在版编目（CIP）数据

艾略特自然法则：市场行为的波动规律 /（美）拉尔夫·
艾略特著；王荻，江海译. —成都：四川人民出版社，
2019.3（2019.9 重印）

ISBN 978－7－220－11238－6

Ⅰ.①艾⋯　Ⅱ.①拉⋯　②王⋯　③江⋯　Ⅲ.①股票
市场－研究　Ⅳ.①F830.91

中国版本图书馆 CIP 数据核字（2019）第 031867 号

AILUETE ZIRAN FAZE：SHICHANG XINGWEI DE BODONG GUILU

艾略特自然法则：市场行为的波动规律

（美）拉尔夫·艾略特　著

　王　荻　江　海　译

责任编辑	何佳佳
封面设计	李其飞　张群英
版式设计	戴雨虹
责任校对	梁　明
责任印制	王　俊

出版发行	四川人民出版社（成都槐树街 2 号）
网　　址	http：//www.scpph.com
E-mail	scrmcbs@sina.com
新浪微博	@四川人民出版社
微信公众号	四川人民出版社
发行部业务电话	（028）86259624　86259453
防盗版举报电话	（028）86259624
照　　排	四川胜翔数码印务设计有限公司
印　　刷	成都东江印务有限公司
成品尺寸	147mm×210mm
印　　张	4.625
字　　数	64 千
版　　次	2019 年 4 月第 1 版
印　　次	2019 年 9 月第 2 次印刷
书　　号	ISBN 978－7－220－11238－6
定　　价	38.00 元

我社已出版股票书目

江氏操盘实战金典（之一）：买在起涨/江海　著

江氏操盘实战金典（之二）：涨停聚金/江海　著

江氏操盘实战金典（之三）：趋势为王/江海　著

江氏操盘实战金典（之四）：庄散博弈/江海　著

江氏操盘实战金典（之五）：黑马在线/江海　著

江氏操盘实战金典（之六）：价值爆点/江海　著

涨停板战法系列（之一）：狙击涨停板/张华　著

涨停板战法系列（之二）：猎取主升浪/张华　著

涨停板战法系列（之三）：借刀斩牛股之酒田战法解析/张华　著

涨停板战法系列（之四）：借刀斩牛股之79种经典实例/张华　著

涨停板战法系列（之五）：主升浪之快马加鞭/张华　著

135战法系列（之二）：胜者为王/宁俊明　著

伏击股市系列（之二）：上涨伏击战/帅龙　著

伏击股市系列（之三）：第二次启动/帅龙　著

伏击股市系列（之四）：庄散心理战/帅龙　著

伏击股市系列（之五）：网罗大行情（上）/帅龙　著